数字化博物馆的建设
与应用研究

陆嘉 著

延边大学出版社

图书在版编目（CIP）数据

数字化博物馆的建设与应用研究 ／ 陆嘉著． －－ 延吉 ：
延边大学出版社, 2024.1
ISBN 978-7-230-06197-1

Ⅰ．①数… Ⅱ．①陆… Ⅲ．①博物馆－数字化－研究
Ⅳ．①G26-39

中国国家版本馆CIP数据核字(2024)第042788号

数字化博物馆的建设与应用研究

著　　者：陆　嘉
责任编辑：娄玉敏
封面设计：文合文化
出版发行：延边大学出版社
社　　址：吉林省延吉市公园路977号　　　　邮　　编：133002
网　　址：http://www.ydcbs.com　　　　　E-mail：ydcbs@ydcbs.com
电　　话：0433-2732435　　　　　　　　传　　真：0433-2732434
印　　刷：廊坊市海涛印刷有限公司
开　　本：710×1000　1/16
印　　张：12.25
字　　数：180 千字
版　　次：2024 年 1 月 第 1 版
印　　次：2024 年 1 月 第 1 次印刷
书　　号：ISBN 978-7-230-06197-1

定价：65.00元

前　言

博物馆是为社会发展服务的非营利性的常设机构，并向大众开放。博物馆承载着人类重要的文化遗产，担负着文化传承的重任。

随着科学技术的不断发展，博物馆作为公共文化服务体系的重要组成部分，正在从传统走向数字化。数字化博物馆是科学技术推动和发展的结果，博物馆数字化的实践过程，实质上是博物馆文化传播方式变革的过程。

本书立足于数字化博物馆的基础理论研究，从数字化博物馆的相关概念出发，介绍了数字化博物馆的建设内容，并就博物馆数字资源的层次化描述、展示系统、常用的三维技术与资源保护技术、组织形式与管理方法做了具体阐述，然后以中国大学数字博物馆为例，介绍了博物馆数字资源的分布式管理系统，最后从具体实践角度出发，分析了通化市博物馆、江西省博物馆、常州博物馆及浙江省博物馆的数字化建设，希望能够为博物馆行业的从业人员提供借鉴与参考。

笔者在撰写本书的过程中，参考了大量的文献资料，在此对相关文献资料的作者表示由衷的感谢。此外，由于笔者水平有限，书中难免会存在不足之处，敬请广大读者和同行予以批评、指正。

陆嘉

2023 年 12 月

目　　录

第一章　数字化博物馆概述

第一节　数字化博物馆的
定义与发展背景

实体博物馆借助固定且有限的资源（比如固定的场所），利用有限的时间和尽可能多的藏品以及人力资源调配，发挥其应有的功能。数字化博物馆则突破了实体博物馆的现实禁锢，利用数字化采集和互联网技术，提升了博物馆的公众服务能力。

一、数字化博物馆的定义

目前，数字化博物馆还没有统一的定义，不同专家、学者从各自专业的角度对数字化博物馆的定义分别进行了论述，具体来说有以下几种：

狭义的数字化博物馆是指利用数字化手段，实现藏品保存、陈列展示、科学研究和社会教育等功能，构筑虚拟世界的博物馆，即数字化博物馆是文化信息资源集中地。

广义的数字化博物馆是指利用数字技术，对文物（包括可移动文物和不可移动文物）信息进行全方位、多形式采集，标准化存储、加工，并通过网络连接和一系列相关规定、协议，实现文物信息的共享、有效利用和科学管理，为不同用户提供数字化的辅助决策、科学研究、展览展示、文化交流、教育培训和游戏娱乐等服务的综合信息系统。

不同领域的专家也对数字化博物馆下了定义：

计算机专家认为，数字化博物馆就是可通过电子媒体访问有关历史、科学或文化的数字化影像、声音、文本及其他信息的集合体。其将重点放在信息的数字化上，着眼于数字化所需要的计算机及相关技术。

信息专家和博物馆专家认为，数字化博物馆是以采集、保护、管理和利用人类文化和自然遗产信息资源为目的而建立的信息网络服务体系。其将重点放在"数字化信息所提供的服务"上，着眼于信息本身。

二、数字化博物馆的发展背景

信息技术改变了我们对于时间、空间以及生存状态的看法，在新的技术背景、社会背景、文化背景、经济背景下，我们对文化创意产生了新的思考。在众多发达国家提出以文化创意作为国家经济发展新的增长点与突破口的时候，中国也意识到了文化创意对于中国由制造大国向创意大国和设计大国转型的重要性。创意的内容从何而来，人们自然把目光投向了处在信息化、全球化与网络化时代大背景之下的文化遗产。通过信息技术，人们建构了多维度的民族文化内容传播形式与多样化的文化遗产保存形式。

数字化博物馆不仅继承了实体博物馆真实性、直观性的优势，还具有基于网络的远程互动性、主题的可选择性、媒体种类的丰富性和叙述的通俗性等特点，具有广阔的发展前景。

第二节　数字化博物馆的
分类与特点

一、数字化博物馆的分类

分类是人们认识客观事物的重要手段，博物馆学家从多种角度对实体博物馆做过分类。对于数字化博物馆，至少可以从三个角度对其进行分类：一是按内容所属的学科分类，二是按运行的方式分类，三是按发布的形式分类。

（一）按内容所属的学科分类

我国数字化博物馆涉及的学科种类丰富，包括自然科学、农业科学、医药科学、工程与技术科学、人文与社会科学等。也有学者将数字化博物馆的学科种类分为人文与艺术、地球科学、生命科学与工程科技四种。

（二）按运行的方式分类

我们知道，典型的数字化博物馆往往是建立在馆藏信息数字化基础上的，实体博物馆在开展数字化建设的过程中，首先要根据自身的需求和条件确定数据库运行方式。可供选择的数据库运行方式有单机运行方式、局域网运行方式和国际互联网运行方式。

所谓单机运行方式，就是将含有数据库技术的信息管理与服务系统安装在一台计算机上，用以完成从数据采集到内部管理的工作。这种运行方式对软硬件环境要求不高，几乎无须配备专业人员进行维护，投入相对较少，容易在综合实力较弱的中小型博物馆普及。另外，如果专题内容有限，那么也可制作成光盘形式的数字化博物馆，类似于我们常见的电子书。我国已经有类似的数字博物馆开发事例，但大多将光盘作为实体博物馆的纪念品出售给了参观者。

所谓局域网运行方式，就是在一个机构或部门等有限的范围内，采用服务器加工作站的硬件配置，使博物馆的信息得以共享的工作方式。对于规模较大、部门和人员较多的机构来说，采用局域网运行方式可以共享部分硬件（如硬盘或打印机等），为多部门协同开展大规模数据库建设工作提供方便，并且能够及时分享新增馆藏信息。但这种网络运行方式的技术含量比较高，需要配备专业人员从事设备及网络的维护工作，所需的硬件设备和应用软件都比较昂贵，总体上对机构的人、财、物等综合实力要求较高。从使用角度看，局域网网速较快，在使用者能够忍受的等待时间范围内可以传输较大流量的数据。例如，可以多角度观看目标藏品以及表现力较强的流媒体信息。

虽然这种共享方式因网络限制而使其受众人数无法同国际互联网上的数字化博物馆相比，但这只是受众数量的差异，其在本质上仍是以数字化技术向社会公众传播自然或文化遗产相关知识，并且可以减少馆方在知识产权保护和防止黑客攻击等方面的顾虑。

国际互联网运行方式则可以看作数字化博物馆各项功能的再扩展，基于国际互联网，我们可以将数字化博物馆分为本地和远程两类。

实际上，由于博物馆工作的特殊性，单机与内外两种网络运行方式之间并不矛盾，所发挥的作用也不完全重叠，而是相辅相成的。单机运行方式比较经济，也比较安全和稳定，可以作为数字化工程的基础切入点。如果有条件，则可向局域网和国际互联网运行方式发展。单机、局域网、国际互联网三种运行方式，形成了一个由简到繁的多层次体系。

（三）按发布的形式分类

数字化博物馆的建设通常是以一个拥有馆藏资源的实体博物馆为基础进行的，通过互联网发布直接形成单体的数字化博物馆。

对于用户而言，要想了解某家数字化博物馆，首先要进入该博物馆的网站主页。但问题在于，许多博物馆的馆名并不能反映馆藏主题，而数字化博物馆的用户主要关心主题内容，并不在乎博物馆的行政隶属关系或地理位置，这就出现了综合集成若干家单体博物馆数据库进行群体发布的联合数字化博物馆。观众进入某一个数字化博物馆联合网站就可以同步看到多家实体博物馆的主题藏品信息，从而避免了多次进出单体博物馆网站的操作，也减轻了记忆多个单体博物馆网站地址的负担。

实践表明，这种联合数字化博物馆，不仅降低了对单体数字化博物馆运行和维护的依赖性，增强了运行的稳定性，而且更加便于公众利用——只要进入中心站点网站，就可以同时浏览多家博物馆的信息。

二、数字化博物馆的特点

数字化博物馆的特点主要有以下几个：

第一，信息存储的主要形式从纸张上的文字和图像变成了磁性介质上的电磁信号。

博物馆藏品所凝聚的知识是有价值的，是真实可信的第一手资料，人们能从博物馆藏品中找到自己感兴趣的、具有客观依据的信息对象。

然而，由于传统博物馆内多为不便移动的实物藏品，这些实物藏品又大多具有不可再生性和不可复制性，并且需要占用较大的展示空间，因而一直主要采用陈列展览的方式向社会提供藏品信息服务。虽然某个陈列展览能在一定程度上满足某一类人群的需求，但人们在到达博物馆展厅参观陈列展览之前，免不了一定的时间和资金花费，尤为关键的是，馆方只能提供群体服务，不能像图书馆那样做到个性化服务。

仔细分析，其问题主要源于两个方面：一是空间性的，人们若不到博物去，就不能获得藏品信息；二是选择性的，馆方只能按群体需求发布某类信息，普通观众即使有个性化需求也无法得到满足。数字化博物馆虽然在触觉、嗅觉、味觉信息方面有所欠缺，但是其可将最主要的视听觉等信息转化为电子信息，在一定程度上突破了上述空间性和选择性的限制，从而大大提高了藏品的社会利用率。

就空间性而言，人们通过互联网可以在家里查询博物馆藏品信息，或在博物馆门厅的电子计算机终端前就能从整个藏品库选看目标藏品信息；就选择性而言，全方位开放博物馆藏品库可以满足人们的不同需求，既无开放时间限制也无空间限制，人们随时随地都可查阅感兴趣的藏品信息。因此，数字化博物馆是能够使人们从海量的藏品库中迅速而准确地找出目标藏品加以观赏或研究的博物馆，人们只要凭借便捷的检索引擎就可以直接调阅藏品信息。

第二，信息的组织形式从顺序排列的、线性的方式转变为直接的、网状的组织方式。

传统博物馆的展品是呈线性排列的，人们的展厅参观行为就像看书翻页一样，遇到感兴趣的部分驻足多看一会儿，不感兴趣的也得辨认一下才能略过。出于维护藏品安全和内部工作秩序的考虑，传统博物馆的藏品库是不对普通观众开放的，即便有权使用藏品库的内部专业人员或外部专家学者，通常也得通过线性排列的藏品账簿或编目卡查询目标藏品。信息的线性排列难免使得需求者寻找目标藏品的时间多于阅读藏品信息的时间，既费时又费力。

数字化博物馆在很大程度上弥补了信息线性排列的缺陷，其检索界面多采用基于传统分类法的受控检索语言、非线性的自然语言，以及两相结合的组配检索语言。因此，使用者能迅速找到目标藏品展示界面，把时间和精力更多地放在目标藏品文字描述信息的阅读和图像观赏方面，从传统的"媒体不动而人动"，转变为"人几乎不动而信息动"。

然而就其本质来说，信息的存储方式在物理上仍是单线排列的，这只要打开后台的数据库界面一看就知道了。以历史艺术类博物馆为例，众所周知，任何一件藏品都是某一时代的产物，这就形成了藏品的"时间坐标点"；任何一件藏品都是由某一种或几种物质材料构成的，这就形成了藏品的"质地坐标点"；任何一件人文类藏品都有一定的用途，这就形成了藏品的"用途坐标点"。数字化博物馆使得信息可以方便地按藏品本身必备或可能具备的一系列特征要素及其逻辑关系组织成相互关联的网状结构，这就为用户提高检索效率提供了条件。

第三，多种信息可以通过多媒体技术有机地结合在一起。

数字化博物馆不仅可以存储藏品的文字描述信息，同时还可对图形、声音和动画信息进行统一、有序的存储和管理。数字化博物馆向人们提供了文字说明和形态图像相结合的信息展示界面。数字化博物馆的展品虽然缺乏质感，但在展品的客观描述、抽象分析、时代背景等方面，其信息的丰富程度、通俗程度和解释深度要远远高于传统博物馆。

第四，大大拓宽了藏品的展示面，缩短了信息传递与提供的周期，藏品和展品之间的数量差异减少，信息利用者和信息提供者之间的距离大大缩短，从而加快了人们的信息交流速度。

传统博物馆一般是以主题性和空间性的陈列展览方式对外发布藏品信息的，传播渠道有限，这就使得大量藏品长期处于无法为人们利用的"死藏"状态。即使有符合现有陈列主题的新藏品进馆，也要经过较长的内部处理过程才能放在展厅中供参观者观赏。数字化博物馆则大大拓宽了信息发布渠道，也能大幅缩短内部加工处理周期，使新藏品得以很快与参观者见面，实现其应有的价值。

第三节　数字化博物馆的作用

一、数字化博物馆的一般作用

数字化博物馆作为一种新型的博物馆，不仅可以继承实体博物馆的教育和文化传播职能，还有助于发挥实体博物馆的收藏和保护职能，在许多方面具有实体博物馆所无法比拟的优势。

特别是 2020 年以来，数字化博物馆的线上服务优势凸显，促进了博物馆数字化建设，许多博物馆积极开展"云展览""云直播""云活动"等线上服务，为社会大众提供了文化交流的新平台。这一趋势是必然的，而且发展前景广阔。具体来说，数字化博物馆的一般作用有以下几个：

（一）以数字化形式收藏、保护文物标本和其他实物资料

收藏和保护是博物馆最早产生，也是最基本的功能。从博物馆的产生历史来看，其最初就是从收藏活动开始的。传统博物馆内均有收藏藏品的储藏库，博物馆有义务收集、整理和展出藏品，使其可以被人们观赏和研究利用。博物馆收藏藏品的目的并不仅仅是弄清物品的原始功能，而是将其当作信息载体，因而博物馆把物证材料和相关信息材料看得同样重要。实物一旦失去相关信息，其本身的价值就会降低。

数字化博物馆的职责并不仅仅是对实物进行保管和整理，而是通过数字化的方式对藏品进行详细的描述，如拍摄高清晰度的全景照片、建立逼真的三维模型、制作视频动画，以反映与藏品相关的各种场景（如藏品用途的真实场景、文物的发掘过程、动植物的生存环境等），并按照数字资源建设规范对这些数字资源进行存储与管理，以便于合理利用这些资源进行教育与研究等。数字化

手段能够大幅度提高收集到的相关藏品信息的质量，从而保障了实物藏品的实用价值。

我国是一个历史悠久的文明古国，有众多珍贵的历史文物、历史遗迹。但是由于实体博物馆会受到空间以及各种条件的限制，所以很多文物资源都被长期放在博物馆的库房之中。这就导致很多珍贵的文物无法被人们熟知。

除此之外，很多在古遗址上建立的实体博物馆，由于人造景观的建设不符合文物保护的实际要求，导致文物的古风古貌遭到了破坏；人们随意接触文物也会损坏文物；文物长久地暴露在空气之中，也会逐渐氧化。

因此，传统的博物馆在藏品展出和藏品保护之间经常会出现矛盾，而数字化博物馆的虚拟展出模式能够有效解决这一问题，使许多容易受到损坏的珍贵文物通过网络虚拟展出，减少文物暴露在空气中的时间，从而在一定程度上保护了文物。

（二）以数字化方式传播知识

博物馆可通过展出藏品向公众提供素质教育，传播科学文化知识。因此，博物馆教育已成为各个国家普及科学文化知识的重要途径。

在科学技术发展如此迅速的今天，博物馆作为社会教育的重要机构，在普及科学文化知识、提高整个中华民族的科学文化水平等方面，有着不可推卸的责任。

数字化博物馆能够有效地传递知识。它所传播的知识综合性强，且更加直观、形象，面向的教育对象广泛，在普及科学知识方面，有其特殊的作用。

（三）为科研成果提供信息交流的平台

世界上许多博物馆，以其丰富的藏品享誉世界，同时其也是在学术界具有崇高地位的研究机构，科研成果累累。我国一些著名的博物馆，如故宫博物院、中国国家博物馆等就是这方面的代表。

数字化博物馆是保存、共享文物资源的重要平台，由于网络系统的开放性，一些重要的科研成果和学术动态可以及时地在数字化博物馆中得到体现。换句话说，数字化博物馆在促进学科融合发展方面能够发挥巨大的作用，也可为产出高水平的科研成果提供必要的信息平台。

二、数字化博物馆的教育作用

网络教育资源的建设是教育信息化的重要基础，目前，国家正式批准开展远程教育的教育机构大都将教育资源的建设摆在了重要地位。然而，网络资源的分散及建设不规范等现状严重制约了人们对它的充分利用。虽然互联网上拥有大量的教育教学资源，而且传递快捷，但是由于网络资源建设严重无序，所以"信息孤岛"现象无法避免。而教育资源建设也不是一蹴而就的，需要不断地进行更新和维护。随着教育水平的不断提高和教学需求的不断变化，教学资源库的内容和功能也应该不断地完善和更新，以满足时代发展的要求。

以数字技术构筑的数字化博物馆以系统开放性、建设可持续性和内容丰富性等特点受到教育界的普遍关注。大多数数字化博物馆都专门为公众，特别是青少年提供了形式活泼、内容生动的科普教育专题。国内外很多高校已经将数字化博物馆作为一种新型的教育资源，应用到正规或非正规的教育实践中。例如，美国加利福尼亚大学圣塔芭芭拉分校就利用地球科学数字博物馆进行虚拟教学环境的设计；澳大利亚悉尼大学的生物学课堂和实验教学也大量利用了其国家植物博物馆的资源，进行现场和网络教学；南京大学建设的地球科学博物馆在关于地球科学的课堂教学和全校公共素质教育课程中都发挥了重要的作用。

数字化博物馆在教育工作中的作用主要体现在以下几个方面：

（一）提供丰富的教学素材库

数字化博物馆在整体展览形式上，运用了多媒体技术和远程教育技术，使内容的呈现更为直观且具有交互性特征，从而促进了教育方式的多元化，使课堂教学效果得到了提升。数字化博物馆将教育内容进行融合，给教师和学生构建了一个综合性的教学资源库，从而使学科体系更加完善，知识内容更加丰富，学生查阅、浏览信息更加便利。

教师运用资源库中的内容，可以直接进行网络教学，而学生可以在资源库中找到与自身学习相关的内容，开展有针对性的学习。同时，数字化博物馆还能够将跨学科的知识融合在一起，帮助学生扩大知识面，提高学生的综合素养。

（二）为远程教育、继续教育等提供充足的网络资源

数字化博物馆可运用多媒体技术，将各种珍贵文物和相应的背景资料在互联网上展示出来，能有效达到资源共享的目的，因此比较适合在以网络作为媒介的远程教育和继续教育工作中运用，能使教育具有更强的辐射力。

（三）为提高全民科学文化素质提供科普教育基地

生动有趣的表现形式、独特的叙述方式以及富有交互性的浏览方式，使数字化博物馆能够更加广泛地针对社会大众，尤其是青少年群体开展相应的素质教育，有利于培养学生的科学思维。

数字化博物馆陈列的展品拥有较强的交互性。相较于课堂教学，教师利用数字化博物馆教授知识更能促进学生对知识的吸收和理解。数字化博物馆通过组织策划专题展览，还能够向人们介绍我国科学技术发展的一些重大成果或者当前学术研究的主要方向，并可以根据受众人群的不同需求，采用不同的宣传模式，从而满足不同层次受众群体的实际需要。

此外，数字化博物馆网络覆盖面较大，且人们在访问的时候不会受到时间

和地点的限制，因此是较好的科普教育基地。

（四）有助于缩小不同区域教育水平差距

数字化博物馆的建设，能够有效地减少经济欠发达地区构建实体博物馆的费用，以及硬件设施与收藏品的采购费用，也有助于均衡教育资源，提升国民素质和整体教育水平。

因此，数字化博物馆具有多样化的作用，尤其是对于教育行业来说，在学校的日常教育和远程教育中，数字化博物馆也将逐渐发挥越来越重要的作用。

第二章　数字化博物馆的建设内容

第一节　数字资源建设

一、数字资源的定义、特点及分类

（一）数字资源的定义

数字资源也常被称为电子资源，是指以被计算机识别的二进制代码，将文字、图像、声音、动画等形式的信息存储在光、磁等非纸质载体上，以光、电信号的形式进行传输，并能通过计算机或其他外部设备再现出来的信息资源。

数字资源往往需要数据库技术进行管理，需要计算机技术进行处理，需要通信技术进行传输。数字资源随着网络技术的发展，已渗透到人们的生活、娱乐、学习和工作的诸多层面，成为人们在日常生活中使用最多的资源形式。台式电脑、笔记本、手机等电子设备已成为存储、处理和发布数字资源的主要工具。

根据以上内容，博物馆的数字资源主要为藏品信息，以及针对藏品开展研究而取得的相关成果等，这些藏品信息及研究成果主要以数字藏品、数字文献资料等形式呈现。这些数字资源不仅是数字化博物馆展示、传播藏品信息和开展各项教育活动的基础，也是实体博物馆用于展览和宣传的主要资料。

（二）数字资源的特点

1.类型多样化

博物馆的数字资源类型多样，既有陶瓷、书画、青铜器、玉器、织物，也有建筑、石刻、壁画等，此外，还有各种保护研究资料。从形式上看，既有文字、图片等静态信息，也有视频等动态信息。各种类型的信息往往相互交错，被博物馆联合用于展览展示、知识传播和公众教育。

2.信息共享化

博物馆的数字资源被无差别、无限次地复制后，仍可以保持信息内容的完整性、一致性，不会影响到信息质量，且数据源本身也不会有任何损坏。此外，利用互联网可以将数字化博物馆资源传输到世界各地，实现数字化博物馆资源在全球范围内的共享。

3.存储介质化

博物馆的数字资源极其丰富，需要存储介质的支持。存储介质的使用范围很广，小到计算机系统中几百字节的只读存储器芯片，大到上百太字节的磁盘阵列系统，都可以用来储存数据。存储规模取决于具体存储介质的基本存储量。

4.处理计算机化

博物馆数字资源的组织、索引、分类、编目和生成报表等工作都需要在计算机上进行，依托数据库管理软件、办公软件、报表软件、统计分析软件等完成实际的处理任务。

5.传输网络化

除光盘、移动硬盘等移动存储设备可以实现少量数据的迁移外，大规模数据的传输还是要依赖网络进行。通过网络，我们可以实现任意距离、任意区域、任意时间段上的数据传输，传输的具体情况视网络带宽、时延等而定。

除上述特点外，博物馆的数字资源同普通数字资源一样，也具有安全性较低的特点。由于数字资源的产生、加工、处理、存储和传播等都离不开数字化设备、计算机系统和网络系统，因此，数字化博物馆资源对各种设备或系统的软、硬件具有很大的依赖性，离开了软、硬件环境，用户将无法使用，甚至无法识别其中的信息。

此外，由于数字资源的存储安全性和传输可靠性会受到计算机病毒和网络病毒等的威胁，因此，需要建立病毒检测和防御体系，以便时刻保障数字资源数据不被恶意地盗取、篡改或删除。即使如此，还需要警惕一些黑客的主动攻击和破坏，因此应该采取合适的反黑客措施，甚至制定数据备份方案，以便在数据丢失、被破坏之后进行及时补救，从而减少损失。

（三）数字资源的分类

1.根据资源的内容划分

（1）本体数字资源

本体数字资源是指直接从藏品本体获得的数据，如文物的图片、文物的视频和文物的三维模型等，一般是通过数字化采集设备直接获得的第一手数据，是对藏品本体外在情况的直接反映。

（2）描述数字资源

描述数字资源是对藏品本体的基本信息描述，主要以文字、图像的形式描述藏品的类别、名称、年代、质地、尺寸、质量、数量和出土地等信息，是经过专家初步解读的信息，为观众提供了了解藏品基本信息的原始资料。

（3）解读数字资源

解读数字资源是对藏品本体及其相关内容的进一步研究和分析，是文物专家、学者相互协作的结果，能够进一步了解藏品的工艺水平、考古价值、历史意义和艺术成就等多方面的信息，是从一个点扩充到对一类藏品、一个事件、一个人物或一种现象的信息还原。

2.根据资源的加工程度划分

（1）一次数字资源

一次数字资源是直接反映原始藏品内容的资源，没有经过加工、处理和修饰等环节，是反映藏品原始面貌的资源，主要来自数字化采集设备和一些测量工具。此外，对藏品进行物理、化学检测而获得的基础数据也属于一次数字资源。

（2）二次数字资源

二次数字资源是对一次数字资源进行加工和处理的结果，如原始藏品图像内容的修补，文物三维模型的修复，视频信息的转码、压缩等。此外，二次数字资源也包括一些藏品目录、报表、研究文献资料等。二次数字资源的获得往往涉及保护、研究、展示、策划等多个部门。

（3）多次数字资源

多次数字资源是经过两次以上处理或整合的数字资源，是为了满足特定需求而对二次数字资源的进一步综合分析和加工整理，如基于藏品统计信息而生成的图表等，以及年度研究报告、展览信息汇总等。

3.根据资源的媒体形式划分

（1）文本型数字资源

文本型数字资源主要以字母、数字、符号和汉字来表示信息，是博物馆工作人员最为常用的数字资源形式，也是表示复杂信息最常用的形式。

数字化博物馆中的文本型数字资源主要分为两类：一类是用汉字、字符和数字表示的藏品基本属性信息，如藏品编号、藏品等级、入藏时间、尺寸、质量、考古意义和文化价值等；另一类是对各种书籍、文献、资料等文本型的文档进行扫描之后，利用光学字符识别软件提取出的文本数据。

（2）图像型数字资源

图像型数字资源主要指数字化的图像资源，既是对客观对象的直观表示，也是对现实物体或画面的抽象浓缩。数字图像主要是指由扫描仪、摄像机等采集设备捕捉实际的藏品画面而产生的图像，或是根据藏品的测量信息通过软件制作而成的图像。

数字图像按照其组织形式划分，又分为位图和矢量图。位图也称为像素图，由称作像素的单个点组成，每个像素都有一个特定的颜色信息，因此整个文件占用空间较大。位图适合表现藏品的细节信息，能很好地反映明暗变化、色彩变化，其图像效果逼真，常被用作展示性材料。矢量图是使用直线和曲线来描述的图形，这些图形的元素是一些点、线等。矢量图只能靠软件生成，与分辨率无关，占用空间较小，主要以图形化的信息表现藏品的器形、构造等，多被用于内部交流和保护、研究工作。位图和矢量图可以相互转换。

（3）音频型数字资源

音频型数字资源是指数字化的音频资源，采集者需要利用数字化手段对声音进行录制、编辑、压缩或播放，声音涉及语音、音乐、自然声响等。采样率越高，数据的存储量越大，分辨率越高，音频在播放时的质量就越好。为了使声音能够从音响设备上输出，数字信号必须重新转换为模拟信号。

数字化音频和一般磁带、广播、电视中的声音在存储和播放方面有着本质的区别。总体上看，数字化音频具有存储方便、易传输、存储和传输的过程中没有声音失真、编辑和处理非常方便等特点。数字化音频常用于记录社会和自然界的声音信息，如海啸声、火山喷发声、昆虫的鸣叫声、轮船鸣笛声等。

（4）视频型数字资源

视频型数字资源是指以数字形式记录的视频，是对模拟视频信号进行数字转换后的产物。一方面，可将模拟视频通过视频采集卡转换为数字信号；另一方面，可直接用数字视频采集设备记录外界信息来生成数字视频，数码摄像机就是最常用的数字视频采集设备。

数字视频虽然数据量大，但可以长期保存，可以在不失真的情况下进行无数次复制。数字视频常用于记录需要视觉和听觉共同感知的情景，如民间舞蹈、传统戏剧和节庆仪式等。

（5）动画型数字资源

动画型数字资源指数字动画形式的资源，突出相对时间、位置、方向和速度的变化，主要利用软件让图像"动"起来。动画可以分为二维动画、二维半动画和三维动画。其中，二维半动画主要通过阴影、照明和透视效果产生深度信息；三维动画才是最为逼真的动画形式，它能表现现实世界中的任何对象、现象和过程，如人物、动画、建筑、植物，以及活动场景、工艺加工流程、化学反应过程等。

4.根据资源的存储载体划分

（1）磁介质型数字资源

磁介质型数字资源是指以磁介质为载体来存储的数字资源，常见的磁介质有软盘、硬盘、磁盘阵列、移动硬盘、磁带等。磁介质存储器利用磁性材料的物理极化特性，使得存储的信息能在相当长的时间内保持不变，因此被广泛用于各类信息的存储。

（2）光介质型数字资源

光介质型数字资源指以光介质为载体存储的数字资源。光介质可以以数字形式存储数据，通过激光进行数据读取。

（3）磁光介质型数字资源

磁光介质综合了磁介质和光介质的优势，是一种磁光盘。与磁介质不同，磁光盘不受磁场的影响，稳定性更强；与光介质不同，磁光盘可多次写入信息。

由于价格等因素的影响，磁光盘未被大范围使用。但由于磁光盘具有较高的安全性和稳定性，因此，一些大型博物馆和一些文化遗产研究单位仍在使用。

5.根据资源的获取形式划分

（1）本地型数字资源

本地型数字资源主要指从对应计算机或内部局域网获取的资源，往往涉及博物馆内部相关部门的工作，如从管理藏品的计算机上获取某件藏品的记录，或者是获取馆藏的基本统计信息。此外，通过博物馆内部的局域网获得的一些开放性的藏品文字、图像、视频资料，以及相关研究成果、展览情况等也属于本地型数字资源。

（2）网络型数字资源

网络型数字资源主要指从外部互联网获取的资源。互联网不仅在博物馆之间、博物馆与研究机构之间、博物馆与图书馆和档案馆之间、博物馆与学校之间建立了联系，而且也将博物馆与公众连接起来，方便公众共享和交流信息。

二、数字资源的采集

数字化博物馆数字资源采集的核心任务是对馆藏资源进行数字化转换，即通过一定的硬件设备和软件资源，将藏品信息转换成计算机能够识别和处理的二进制代码。博物馆馆藏资源类型多样，从平面的书画作品到立体的青铜器、瓷器和化石，从小的钱币到大的建筑、遗址、遗迹，不仅涉及风、雨、雷、电的产生，还涉及宇宙的形成。因此，必须为各种类型的藏品信息找到合适的数字转换方法，从而建立起丰富、完善的藏品数字资源库。除这些实体藏品外，还需要对大量的博物馆研究成果和相关文献进行数字化转换。

藏品数字资源的采集，主要考虑采集手段和采集规范两个方面的问题。

（一）采集手段

博物馆藏品的类型以及可获取的数字资源的媒体形式不同，数字资源的采集手段也不同。

1.古籍类

古籍文献作为前人留下的精神财富和历史见证，是弥足珍贵的。它是一种非再生性的文化遗产，在长期流传的过程中，由于虫蛀、老化和霉蚀等自然损坏的情况不可避免，加之环境污染的加剧，其酸化和老化的速度也随之加快，因此，古籍文献的保存状况不容乐观。

古籍文献的数字化可以改善这种现状，它从利用和保护古籍文献的目的出发，采用计算机技术，将常见的语言文字或图形符号等转化为能被计算机识别的数字符号。古籍文献的数字化可以实现古籍文献文物价值和文化价值的剥离，不仅能够对古籍文献的本体形式进行永久记录和保存，而且可以将古籍文献的内容向广大研究人员开放，从而更好地实现保护和利用的平衡。

对古籍文献本体进行数字化转换，即获取其图像信息，可以采用数码摄像机或平板激光扫描仪来实现，即用摄像机、扫描仪等将古籍文献的文字（包括图表）以图像形式进行存储，不仅可保证古籍文献的原始状态，使版式完整保留，而且不会出现文字错误。

对古籍文献的内容进行数字化转换需要经历两个阶段：

第一个阶段为古籍文献内容的整理。由于古籍文献多为繁体字，其中还不乏大量的异体字、通假字等，且没有标点符号，行文格式烦琐，所以在对其内容进行数字化转换之前要先开展必备的整理工作。需要古籍整理专业人员对古籍文献进行底本选择、编纂、校勘、标点、注释和今译等。

第二个阶段为古籍文献内容的输入，在此阶段主要有以下三种输入手段可供选择：

（1）键盘输入

此种方式需要专门人员将古籍文献的全文通过键盘输入计算机。内容录入完成后，通常需要对文本进行校对，可采用计算机自动校对和人工辅助校对相结合的方式，以降低文字差错率。

然而，这种主要依赖人工的输入方式在速度上远远不能满足海量古籍文献急需进行数字化转换的需求。

（2）光学字符识别输入

光学字符识别输入技术是一种较为先进的自动化信息资源输入技术。它先通过光学仪器，如影像扫描仪、传真机或摄影器材，将影像输入计算机，再通过检测暗、亮的模式确定其形状，然后用字符识别方法将形状翻译成计算机文字。整个识别过程需要借助图像处理和模式识别技术。

这种光学字符识别输入的方式识别和转换的速度快，再结合人工校错，不仅提高了输入效率，还节省了一定的人力和物力，是目前最受欢迎和普遍采用的输入方式。

（3）手写输入和语音输入

随着智能输入技术的发展，以及各种输入终端设备的不断完善，手写输入及语音输入已逐渐进入人们的视野，并被广泛应用于计算机和智能手机等平台上。

手写输入通过手写识别技术来实现。手写识别是指将在手写设备上书写时产生的有序轨迹信息转化为汉字内码的过程，可以使使用者按照最自然、最方便的输入方式进行文字输入。手写输入设备的种类较多，有电磁感应手写板、压感式手写板、触摸屏、触控板和超声波笔等。

语音输入也称麦克风输入，它依赖于录入者的语言，通过计算机上的语音识别软件将录入者的语言内容转换成可识别的汉字。一般需要录入者对着与计算机相连的麦克风等语音输入设备发出文字的读音。语音输入也是一种方便、易用的输入方式。

由于汉字的同音字较多，在进行语音录入时，系统会提供一些同音字供录入者选择。虽然手写输入和语音输入都是较为便捷的信息采集手段，但由于其需要人工进行书写或逐字拼读，不如光学仪器识别的速度快，因此很难满足古籍文献大批量输入的需求。此外，对于语音输入而言，由于其依赖于录入者对文字的正确发音，因此需要专业从事古文字研究的人来识读古籍文献中的大量生僻字、异体字和通假字等。

2.书画类

博物馆的书画类藏品是书法和绘画藏品的统称，主要是指历代著名书法家或画家的作品，具体涉及手卷、碑帖、拓本、国画、油画、水彩画、水粉画和漆画等。这类藏品具有极高的艺术研究价值，是人类历史发展的重要佐证材料。

然而，书画类藏品本身多画在或写在纸张、绢、绫、锦等书画材料上，很难长期保存。首先，书画材料天然纤维质地的特性容易招引害虫。其次，天然纤维的易吸湿性，使得书画类藏品表面容易滋生霉菌，霉菌孢子会破坏藏品，影响藏品外观。

此外，空气中的有害物质和灰尘也会影响书画作品的保存，如二氧化硫会对藏品产生腐蚀作用，空气中的灰尘不仅会改变藏品的颜色，还可能在藏品表面形成很难去除的污垢层。

因此，急需对书画类藏品进行及时记录，并采取更加有效和严格的保护手段。数字化的方法不仅可以解决书画藏品记录的问题，同时利用先进的图像处理技术可使观众在不接触藏品的情况下领略到藏品的艺术魅力，能有效地平衡保护和欣赏之间的矛盾。书画类藏品的数字化采集工作主要是获取其外在数字图像信息，这可以借助扫描仪或数码相机来实现。

扫描仪是利用光电技术和数字处理技术，以扫描方式将图形或图像信息转换为数字信号的装置。扫描仪通常被用于计算机外部，通过捕获图像并将其转换成计算机可以显示、编辑、存储和输出的数字化内容。

扫描仪工作时发出的强光照射到扫描对象上，没有被吸收的光线将被反射到光感应器上，光感应器接收到这些信号后，将这些信号传送到模数转换器，模数转换器再将其转换成计算机能读取的信号，然后通过驱动程序转换成在显示器上能看到的正确图像。由此可以看出，扫描仪的核心部件是光感应器和模数转换器。扫描仪的主要技术指标有分辨率、灰度级、色彩数、扫描速度和扫描幅面。

目前，可用于书画类藏品扫描的扫描仪主要有两种类型：平板式和滚筒式。

（1）平板式

平板式扫描仪也称平台式扫描仪，主要是使用电荷耦合器件或接触式图像感应装置作为光感应器，扫描幅面一般为 A4 或者 A3 大小。

（2）滚筒式

滚筒式扫描仪由电子分色机发展而来，其感测技术是光电倍增管。滚筒式扫描仪采用旋转扫描对象、滚筒逐点采样的扫描方式，其滚筒旋转速度很高，因此可以将很强的光汇聚于扫描对象上的采样点周围而不会使原稿受损。

此外，它能够分辨出图像更细微的层次变化和颜色变化，其光学分辨率通常高于平板式扫描仪，扫描幅面可达 A0 大小。

基于以上情况，扫描仪在使用上也做了许多改进，目前许多扫描仪都具有自动进纸和连续扫描功能。此外，为了对特定藏品进行扫描，许多厂商也根据客户的要求，搭建了针对性强的扫描平台，因此出现了许多不同型号的扫描仪。

由于大幅书画类藏品可能需要分多次扫描完成，加之扫描过程中可能出现画面倾斜、阴影黑边等情况，因此通常需要对扫描的结果进行简单的编辑和处理，如进行倾斜纠正、阴影黑边裁剪和空白页删除等，并对多幅分散图像进行拼接。

不同于传统照相机通过光线引起底片上的化学变化来记录图像，数码相机是利用电子传感器把光学影像转换成电子数据的照相机。在数码相机中，电荷耦合器件（CCD）或互补金属氧化物半导体（CMOS）被广泛应用。

数码相机的工作原理：当按下快门时，镜头将光线汇聚到 CCD 或 CMOS 上，把光信号转变为电信号。在采用了 CCD 的数码相机体系中，由于 CCD 输出的是模拟信号，因此需要使用一个能将模拟信号转换成数字信号的模数转换器来对光信号进行数字化处理。

数码相机主要由光学镜头、光电转换器件、模数转换器、微处理器、内置存储器、液晶屏幕、可移动存储器、接口等部分组成。其中，光学镜头是数码相机的"眼睛"，其主要功能是将光线聚焦到 CCD 或 CMOS 上，镜头的质量越好，拍摄出的画面越清晰。镜头也有变焦镜头、定焦镜头之分，主要的性能指标有焦距、视场角、相对口径、分辨率、畸变率等。

总体来说，在衡量数码相机的性能时，可以从以下几个方面考虑：像素数、摄影元件尺寸、变焦倍率和镜头亮度等。目前，较常见的数码相机可以简单地分为卡片数码相机、数码单反相机、长焦数码相机。卡片数码相机在业界没有明确的概念，主要指那些具有小巧的外形、相对较轻的机身，以及设计较为时尚的数码相机。数码单反相机即单镜头反光数码相机，"单镜头"是指摄影曝光光路和取景光路共用一个镜头。数码单反相机的一个最大特点就是可以交换使用不同规格的镜头，这是普通数码相机不能做到的。长焦数码相机指的是具有较大光学变焦倍数的数码相机，能拍摄较远的景物。

长焦数码相机的镜头和望远镜的原理类似，即通过镜头内部镜片的移动改变焦距。数码相机与传统胶卷相机相比，具有存储量大、可重复拍摄、即拍即得、输出方便、易操作等特点，所以备受用户的欢迎。对于书画类藏品，要求拍摄的图像清晰度高、色彩还原度高、画面变形小，因此通常使用单反相机，一般选用 50～85 mm 的焦距，相机需要固定在三脚架上进行拍摄。对于要拍摄的书画类藏品而言，其外观要尽量平整，最好是经装裱或是简单处理过。对于大幅的作品，可以采用分块拍摄，然后再接片的方法，以避免出现变形和光照不均的问题。

3.器物类

器物类藏品涵盖的范围最广，且质地不一，种类众多，有石器、陶器、铜器、铁器、金银器、玉器、瓷器和漆器等多种类型，反映了不同历史时期人类社会生产和生活的各个方面。

器物类藏品通常不易保存、易被破坏。例如，木胎漆器、骨质文物和象牙制品等有机类器物容易受微生物侵蚀，从而降低器物本身的力学性能和抗腐蚀能力。木胎漆器主要由纤维素、半纤维素、木质素组成。纤维内含较多的亲水基团，易导致木材的膨胀、收缩，而且半纤维素的化学稳定性也较差。温度、湿度、气体和光线等外在环境的变化，会使器物中的水分迅速流失，从而出现变形、起翘、皱褶和开裂等现象。骨质文物和象牙制品容易出现破裂、糟朽、粉化等现象。此外，当遇热或受潮时，也容易出现翘曲现象。蛋白及填充于骨内的油脂类物质很容易氧化和水解，且易受到细菌的侵蚀和破坏。

此外，博物馆在保存大量无机类器物时也同样面临着诸多不利因素。彩陶表面的颜料容易与附着土黏在一起剥落或在干燥过程中粉化掉色。铁器容易受氧气和水分的作用而锈蚀。瓷器属于易碎品，震动、挤压、碰撞都会使其破损，操作不当也会造成瓷器的损毁。银器的防腐蚀性较差，潮湿的环境以及空气中的硫化物都会使银器表面氧化，使其色泽由白亮转变为灰色或黑色。

长久保存这些器物面临着巨大困难，因此迫切需要数字化技术帮助解决器物的保护和利用问题。器物类藏品的数字化采集工作主要分为二维图像采集和三维模型的获取。二维图像的采集主要通过数码相机获取器物的数字图像信息。器物的三维模型主要是指器物的多边形表现形式，反映了器物的三维空间形态信息。获取器物藏品三维模型的手段有三种：一是软件建模，二是图像建模，三是三维激光扫描仪建模。

为了用数字图像的形式表现器物的三维空间形态，通常需要多角度拍摄，获取器物的正视图、俯视图、左视图和右视图等，同时还需要加拍顶部、底部、局部纹饰、造型、冲口或残损处图像等。

对扁担、钱币等扁平形器物，一般拍摄正反两面，若边沿上有特殊信息，还要加拍边沿图像。器物类藏品的拍摄同样要真实地反映藏品的原貌，不能使藏品变形，不能使拍摄出的画面放大或缩小原器物的真实比例。此外，针对不同的器物，在拍摄时应保证拍摄的完整性，如对于三足器物，要求三足全部显示出来，不能有所遗漏或遮挡。

（1）软件建模

软件建模主要是利用三维建模软件，基于立方体、球体、锥体等基本几何元素，进行一系列的几何操作，如平移、旋转、拉伸等来构建复杂的模型。

这种建模方式往往需要工作人员先获取器物的空间测量数据和纹理信息等，再以此为依据进行建模。其缺点是工作量大、效率低。此外，由于建模过程在很大程度上依赖建模人员的专业知识与经验，因此其精度无法保证。

（2）图像建模

图像建模主要是利用器物的二维图像恢复其三维几何结构，图像的精度直接决定建模效果，建模过程与人类视觉重现过程相似。

（3）三维扫描仪建模

三维扫描仪建模主要是利用三维激光扫描仪完成对实际物体的三维建模，能快速、方便地将真实世界的立体空间信息、色彩信息等转换为计算机直接处理的数字信号。

三维激光扫描仪与传统的平面扫描仪和摄像机相比有很大不同，它可以获得器物类藏品表面每个采样点的三维空间坐标，以及每个采样点的颜色信息。扫描的结果是一个包含每个采样点的三维空间坐标和颜色的数字模型文件，三维建模软件可直接对其进行编辑和处理。这种建模方式主要依赖三维激光扫描仪。

三维激光扫描仪是一种科学仪器，用来侦测并分析现实世界中物体或环境的形状（几何构造）与外观数据（如颜色、表面反射率等），大体分为接触式和非接触式两种类型。因为对藏品的扫描通常需要在尽量保护藏品的情况下进行，所以基本上都选用非接触式三维激光扫描仪。三维激光扫描仪能对信息进行全自动拼接，具有高效率、高精度、高寿命等优点，特别适用于扫描复杂的曲面物体，以及柔软、易变形的物体。

此外，在获取物体表面三维数据的同时，三维激光扫描仪能迅速地获取物体的纹理信息，真实感更强。三维激光扫描仪利用激光测距的原理，通过记录被测物体表面大量密集点的三维坐标、反射率和纹理等信息，快速建立被测目标的三维模型。它具有非接触性、快速、穿透性好、实时、高密度、高精度和自动化等特点，能够满足藏品三维模型高精度、快速采集的要求。

26

按照载体的不同，三维激光扫描仪可分为机载型、车载型、地面型和手持型四类。按照测量方式的不同，三维激光扫描仪可分为脉冲式、相位式和三角测距式三种。

脉冲式三维激光扫描仪扫描距离最长，但精度随扫描距离的增加而降低。相位式三维激光扫描仪适用于中程测量，具有较高的测量精度，通过两次间接测量得到距离值。三角测距式三维激光扫描仪扫描距离最短，但是其精度最高，适合近距离、室内的信息采集。

因此对于中小型器物，可采用相位式或三角测距式三维激光扫描仪进行三维模型的信息采集。对于亭台、古桥、庙宇等建筑的三维模型采集，则适合使用脉冲式三维激光扫描仪。然而，三维激光扫描仪不适用于表面脆弱或易变质物体的三维模型信息采集。

4.其他

除古籍类、书画类和器物类的藏品外，电影、纪录片、音乐、录音等影像、视听类对象也是博物馆的藏品，如中国电影博物馆中的电影资料、中国民族音乐博物馆中的乐曲资料、国家自然博物馆中有关动物的野外录像资料和各种昆虫鸣叫的录音等。除此之外，藏有非物质文化遗产的博物馆往往会有关于某项仪式、节庆活动、工艺制作等的现场录像资料。

以上这些资料多以磁带、胶片等介质保存，长时间存放会因磁带打卷儿、磁粉脱落而影响藏品质量。为了方便、持久地保存这类藏品，使它们质量保持稳定，需要采用数字化技术，将它们转换成数字化的声音、视频资料。

对于磁带介质，主要通过采样、量化和编码等方法，将模拟的音频、视频信号转换为数字信号。

对于音频信息，需要通过磁带播放机、带有声卡的计算机、音频转录线，以及能转换、编辑音频的软件，将数字化的结果存储为 MP3 或者 WAV 格式的文件。

对于视频信息，需要通过视频资料播放设备、带视频捕捉卡的计算机、视频线以及视频识别、捕捉、处理软件等，将数字化的结果存储为 AVI 或 MPEG 等格式的文件。

除了对视频、音频信息进行数字化转换，还需要对视频、音频信息进行基本修复，以恢复色差、饱和度，去除划痕，删减空白等。

一般有两种修复方式：一种是直接在线修复，通过自动模式或交互模式工具，修复胶片或视频图像出现的多种问题，包括划痕、霉斑、噪点、污垢、闪动和抖动等；另一种是将影片转换成数字化文件之后，再对数字化文件进行影像修复。对于音频信息，可利用音频处理软件来实现动态处理、降噪处理，或者将其转换成双声道立体声等。对于视频信息，可利用视频处理软件进行亮度、灰度、对比度等的调整，消除噪声，以及利用前后画面的相似性与相同性去除划伤和霉斑、污点等。

在博物馆实际藏品的数字化工作中，除了对藏品实体进行数字化采集，还需要将藏品的登记信息，如藏品的名称、等级、尺寸、质量、年代、现状和来源等文字信息录入计算机，以及对藏品所蕴含的历史价值、艺术价值、科学价值和文化价值的文字信息进行数字化转化。这些工作一般都通过人工输入的方式进行，这就需要工作人员熟悉计算机的基本操作，并掌握一种快速输入方法，以便高效完成录入工作。

信息录入人员必须坚持真实性和完整性原则，并严格按照术语规范和操作规程进行录入。理论上，参与录入的人员越多，数字化转换的速度就越快。然而，在实际操作中，为了减少录入错误，保证数据的真实性、科学性和规范性，通常采用单人录入、多人校对的方式，将主要精力放在对信息的校对上。多人校对往往会减少录入人员因疲劳而产生的错误，提高录入数据的准确性。校对人员需要具备专业知识，能够迅速排查录入数据中的标点符号错误、用词错误、语法错误等。

（二）采集规范

数字化博物馆的建设实际上是一系列的标准化建设，以方便信息管理、存储、共享、传输和服务等。作为数字化博物馆建设的重心，藏品资源的数字化也应遵照标准化、规范化的准则。因此，应制定统一的采集、处理、存储等规范，提高藏品信息的兼容性和共享性，为藏品信息的统一、科学管理奠定基础。

第二节　平台功能实现

数字化博物馆作为一种新型博物馆，担负着对馆藏资源进行数字化保存、管理、共享与动态展示的职责。这些职责的实现需要一个开放、灵活和可扩展的数字化博物馆系统作支撑。

数字化博物馆系统平台建设包括硬件设施建设和支撑软件平台建设两个部分。硬件设施包括服务器、各种输入输出设备及网络基础设施等，它们构成了数字化博物馆正常运行的基础。支撑软件平台覆盖了藏品资源的录入、管理、存储到展示的整个过程，是数字化博物馆对外发布展品、实现各种信息服务的支撑平台。支撑软件平台应该具有对用户进行统一身份认证和权限管理的功能，实现单点登录；针对不同数字化博物馆的资源进行统一搜索，统一展现；提供扩展的信息服务。

下面主要从数字藏品资源管理功能、藏品信息查询功能、综合信息检索功能、藏品版权保护功能等方面，系统阐述数字化博物馆平台建设的相关内容。

一、数字藏品资源管理功能

开放的数字化博物馆就是一个可管理的数字对象和服务的集合，它涉及数字对象的存储、发现、检索和保存等一系列功能。要实现不同领域藏品信息的整合和共享，就必须建立符合各学科特色的数字化藏品描述规范和信息交换标准。按照统一的资源描述规范来建设数字资源，在此基础上实现对数字对象的存储、管理及对公共的信息服务。

数字藏品资源管理功能包括藏品资源的导入、导出及快速定位。目前，在网络资源的定位机制处理技术上，有一些国际通用的标准和领域规范，对藏品资源进行统一标识、统一定位，以解决藏品管理辖属、存放位置变化所带来的动态定位不准确问题。

二、藏品信息查询功能

在数字化博物馆中，藏品是资源管理的基本单位，围绕藏品有大量的规范化属性描述，这些信息需要有规范的接口，用来提供查询处理服务。

三、综合信息检索功能

数字化博物馆的信息查询功能如果只能就藏品编号的元数据进行查询，那么显然是难以满足用户基本的信息需求的。因此，数字化博物馆还必须具有基于全文检索的综合信息检索功能。该功能不仅可以对藏品的所有描述信息进行准确的查询，还可以查询其他相关藏品的资源。例如，把数字化博物馆的检索功能和其他大型的资源库检索功能相互集成等。综合信息检索功能对于拓宽用户的知识面有重要作用。

四、藏品版权保护功能

数字化博物馆中的藏品具有很高的研究价值和经济价值，如果不加任何保护地在网络上公开发布，就会给版权拥有单位带来较大的损失。因此，数字化博物馆系统平台应提供相应的保护机制，对于数字藏品的版权进行主动保护。例如，对藏品添加图像水印以明确版权信息，并提供基于 Web 的藏品访问控制机制。

数字藏品的提供者可以利用共享平台提供的存取权限控制机制，对其拥有的藏品进行展示权限的设置。而一般用户想要浏览受保护的资源时，就需要利用访问控制机制提出浏览申请。

第三节　体系架构设计

数字化博物馆通用体系架构应该包括数字化博物馆建设过程中涉及的方方面面功能，覆盖资源的录入、管理、存储及展示的整个过程。

考虑到个性化定制的需要，数字化博物馆系统的整体架构可以设计成存储、描述、服务和应用四个层次，从下向上分别为存储层、描述层、服务层和应用层。

一、存储层

正如数字化图书馆并不仅仅存储电子图书一样，数字化博物馆保存的也不仅仅是实体博物馆中藏品的数字化信息。其不仅记录了藏品的自然特性，同时还对与藏品有关的数字化媒体资源进行集中保存。这些数字化媒体资源包括藏品的文字描述、图片、视频片段、三维模型等。这些媒体资源不仅可以用来表现藏品自身的特性，还可以用于展示藏品的形成过程或与环境的关系。例如，一段展示陶瓷烧制过程的录像，一个用于演示火山喷发过程和机制的动画等。

这些媒体资源是多方位展示藏品必不可少的组成部分，具有数据量大、数据长度不固定、数据模型复杂等特点，因此存储层一般采用关系型数据库与文件系统存储相结合的方式存储所有的信息。数据库中保存所有数字藏品的元数据和相关信息，而各种类型的数字资源文件则存储在文件系统当中。

二、描述层

存储层存储了大量藏品信息及与之相关的各种媒体资源，描述层提供了对这些资源的完整元数据描述。这些描述不仅体现了藏品本身的特性和媒体资源的属性，同时也保留了不同媒体资源、不同藏品资源之间的联系信息。它们为由多种数字资源构成的信息资源库提供了资源整合、资源发现，以及人机交互的基础。

三、服务层

服务层包括共享平台对外提供信息服务的模块和接口。这些信息服务包括资源的检索与定位、资源管理、多馆协同的信息检索、版权保护与访问控制、数字藏品在线动态布展等。对于以关键词及关键词组合的方式提交的资源请求，系统将在设定的范围内提供信息检索服务。

数字化博物馆中的藏品是非常珍贵的，具有很高的研究价值和经济价值，不加任何保护地在网上发布相关信息，会给版权拥有单位或个人带来极大的损失。因此，服务层应提供相应的处理机制，对数字藏品进行数字版权保护。

在资源的存取控制方面，为保证资源的有序共享和合法使用，服务层应提供藏品分级管理机制。对于需要保护的资源，服务层应提供相关保护机制。

四、应用层

为了真实、生动地展示数字化博物馆的各类藏品，相关设计者应充分利用文字、图片、音频、视频等多媒体表现形式展示藏品的各种信息。

此外，还可以使用三维交互式技术，展示一些具有珍贵历史价值的藏品，建造某些特定的三维场景。应用层综合运用这些技术手段，提供基于网页的藏品展示，终端用户可以通过互联网远程学习和体验。

藏品的展示形式包括基于藏品目录的浏览、基于主题的浏览和基于虚拟场景的浏览三种。

基于藏品目录的浏览方式，是藏品按照元数据描述规范中的类别进行分类，以类别作为布展的基准，用户从不同的类别窗口点击进入藏品展示页面。在单个藏品的展示页面中，有关藏品的特征描述、媒体资源链接将组成一个完整的画面，使用户能够通过文字、图像、视频及动画等多种方式，从不同侧面全面了解藏品的相关信息。

　　基于主题的浏览方式，是按照不同的主题，将藏品组织成一个个相互关联的线索，以超链接的方式在展示主题的同时提供藏品的链接。用户在主题浏览方式下，能够了解藏品的相关信息，加深对藏品信息的理解。

　　基于虚拟场景的浏览方式，是通过虚拟现实技术或三维建模技术，在用户屏幕上模拟出博物馆的虚拟场景，增强用户参观浏览的情境效应。藏品以三维立体模型的形式出现在虚拟展厅中，用户可以在虚拟展厅中自由浏览，任意放大或缩小三维藏品，并从不同的角度观察藏品，以获得不同的感受。

第四节　系统功能描述

　　数字化博物馆需要一个对外的门户系统，以实现对终端用户的信息服务功能。该系统可以独立在一个站点运行，同时也支持多个不同数字化博物馆系统开发各种信息处理功能。

　　例如，在网络连接允许的情况下，该系统可以帮助用户无差别地访问其他数字化博物馆的内容。从某种程度上讲，数字化博物馆门户系统是一个具有分布协作功能的网络系统，它能够面向用户、管理者及资源提供者。

一、面向用户的功能

（一）登录服务

数字化博物馆的登录页面提供终端用户注册登录的功能。不同的用户注册登录后获得的信息内容是有区别的。普通用户只能通过门户系统浏览公开展览的藏品资源，只有具备许可权限的用户才能够浏览限制访问的资源。

（二）浏览服务

1.浏览藏品综合信息

藏品的浏览页面应将藏品按照不同的学科或主题进行分类，以目录浏览的方式提供藏品分类描述。用户根据目录向导就可以看到藏品列表。

此外，根据注册登录的用户身份，系统将分配不同的浏览权限。数字化博物馆中的大部分资源都是可以被公开访问的，小部分资源可能出于保密机制或其他原因不能完全公开，即只有被授权的用户才能够浏览。针对不同质量的藏品数字化信息，普通用户只被允许访问级别较低的数字资源，而更多高质量的数字资源则需要专门授权才能够正常浏览。

2.浏览数字资源信息

藏品的浏览页面既包括藏品的文字资料，还包括藏品的图片资料、音频资料、视频资料，以及三维模型等。这些媒体资源将帮助用户从多个角度了解藏品。另外，浏览页面还提供多种媒体资源的播放插件，以便用户下载。

3.浏览虚拟博物馆展览

一些珍贵的数字藏品出于保存和研究的需要，需要进行高精度的三维建模，而这些三维展品又可以根据不同的主题形成虚拟布展，用户可利用鼠标在虚拟空间中漫游，并通过展品的超链接功能获取关于藏品的详细信息。例如，用户在虚拟展厅中看到某个矿物的标本时，可以点击观看矿物形成过程的动画，听相关的语音解释，或者旋转标本的三维模型，以方便从不同的视角观察矿物。

4.浏览主题页面

除按照所属学科对藏品进行分类浏览外，数字化博物馆系统平台还可以根据藏品的特点组织主题展览，以某个主题为主线，建立专门的主题展览页面，同时将藏品以超链接的形式融入主题中。

例如，在"生命的演化历程"专题中，将生命进化的不同阶段以时间轴的方式进行阐述，在提到各地质历史时期的重要化石和事件时，提供藏品的超链接，以方便用户浏览。

5.获取最新的资源建设消息

门户系统将定期发布数字化博物馆藏品补充的最新信息。一旦有新藏品加入，或增加了新的主题展览，系统将会自动发布消息，用户可以方便地了解数字化博物馆的最新信息。

（三）检索服务

根据用户信息需求的不同，数字化博物馆系统应提供不同的信息检索服务。该系统提供的检索服务主要包括面向所有馆藏的信息检索服务、面向特定领域的跨馆馆藏信息检索服务、面向藏品记录的信息检索服务。

（四）助研服务

数字化博物馆系统应提供辅助科研的相关信息服务，包括提供藏品的全方位信息收集服务，提供高精度藏品的受保护浏览和使用服务，提供信息对比等信息检索服务等。

（五）信息定制服务

数字化博物馆系统应提供面向用户的信息定制服务。用户可以自己定义需要接收的信息种类，包括藏品信息的变更、增加，主题布展的内容简介等。另外，用户可以通过接收系统发送的邮件获取信息，而无须登录门户站点查找资源。

二、面向管理人员的功能

数字化博物馆系统为管理人员提供的信息服务应包括以下内容：

（一）用户管理

提供用户注册登录的功能，分配不同用户身份。用户身份不同，其获得的信息也不同。

（二）运行管理

对服务进行启动或停止操作，对藏品资源和信息内容进行更新，保持分馆各站点信息同步，并负责监控系统的运行。

（三）资源建设的监控和统计

监控资源的建设过程，保证资源的更新严格按照规范进行，并自动统计资源的情况。

（四）版权管理

设置版权管理的级别、使用权限等；验证用户身份；提供水印嵌入和检测功能。

三、面向资源提供者的功能

数字化博物馆系统面向资源提供人员的信息服务包括以下内容：

（一）数字化录入系统

数字化录入系统保证规范化的资源录入和发布功能的实现。

（二）制作藏品的多媒体展现效果

根据藏品的特点制作动画、配音等。

（三）利用布展系统，进行相关主题的展示

利用动态布展系统，定制主题展览的虚拟空间，并从数据库中提取藏品信息对外发布。

第五节　信息安全保护

一、数字化博物馆信息系统的安全技术

虽然数字化博物馆的信息系统与一般企业的信息系统在硬件构成上并没有多大区别，在信息安全防范技术上也有共同之处，但是，由于博物馆信息化的应用软件与一般企业有所不同，因此博物馆的信息系统在信息安全方面有其特殊的一面。

信息系统由计算机、网络硬件设备、操作系统软件和应用软件组成。网络技术的不断发展使得信息系统越来越依赖网络环境。为了保证信息系统处在一个安全的网络环境中，不受计算机病毒及黑客的破坏，必须在网络系统中接入防火墙、防病毒软件、入侵检测系统等与网络安全相关的硬件设备与软件系统，这些已成为数字化博物馆建设的重要组成部分。

为了更好地保证信息安全，博物馆的网络化、信息化建设必须加强相关的硬件技术，通过综合布线进行系统集成，将服务器、计算机、交换机等通过网络连接起来，形成博物馆内部的局域网。在此基础上，将网络安全设备接入互联网，保证数字化博物馆资源的安全。

二、数字化博物馆信息系统的安全保护途径

网络技术的发展使得共享信息资源成为可能。网络给数字化博物馆的管理工作带来了便利，但由于因特网所具有的开放性，使得信息系统更容易遭受病毒破坏、黑客入侵，因此对数字化博物馆的信息安全提出了更高的要求。总的来说，数字化博物馆信息系统的安全保护途径主要有以下几个：

（一）文物藏品信息系统的安全保护途径

数字化博物馆的文物藏品信息系统主要以文物藏品档案为基础，通过建立数据库将文物藏品的各类信息存档并进行管理。文物藏品档案不仅有文物的照片、铭文拓片及绘图等图像文件，还有相关的文字说明，甚至是视频文件等。文物藏品信息系统基本上都是在大型关系型数据库平台运用计算机高级语言编程工具开发的。为了充分保护文物藏品的信息，保证博物馆的科研工作安全进行，有必要为文物藏品信息管理人员和一般研究人员设置不同的数据库访问权限，以保证数据库的安全。通常采用硬件防火墙技术和软件技术来确保文物

藏品信息系统的安全，采用磁盘阵列和光盘塔储存藏品数据库信息。此外，为防止数据受到各种紧急事件影响而损毁，还需要建立异地备份系统。

（二）门户网站的安全保护途径

数字化博物馆的门户网站系统既是博物馆在信息时代向外界打开的一扇窗，又是博物馆为人们提供信息服务的一个平台，其主要目的是展示博物馆的文物。数字化博物馆门户网站系统的保护工作可根据博物馆信息化工作的现状进行考虑，一般采用租用虚拟主机、主机托管、自建机房运营三种形式。租用虚拟主机是指互联网服务提供商（ISP）通常有几十台甚至几百台网络服务器，每台服务器都安装了大容量硬盘，他们采用特殊技术将这些硬盘分成许多不同容量的空间，出租给那些没有网络服务器但需要建立网站的客户。在网络上，这些硬盘空间被称为虚拟主机。主机托管是指博物馆将制作好的门户网站的软件系统安装到自己购买的服务器上，委托专业技术人员对服务器进行维护。自建机房需要有防火墙、交换器、防病毒系统、入侵检测系统等，并需要网络技术人员进行专门的管理、维护。

通常来说，博物馆会采用这些安全措施来避免主机上某一个网站存在漏洞而带来的安全隐患。除此之外，数据库、图像、视频、音频等的备份也是博物馆门户网站安全管理中不可缺少的内容。

（三）财务信息系统的安全保护途径

数字化博物馆的财务信息系统包括账目管理、固定资产、工资等模块，其安全等级要求较高。一般来说，数字化博物馆的财务信息系统所处的局域网与博物馆的网络系统会采用物理隔离的方式，或者通过安全技术措施（如防火墙）接入互联网。采用物理隔离方式的好处在于可以避免其他人以非法手段从博物馆的内部网络访问财务系统的数据库，避免系统遭到内部攻击和互联网黑客入侵，但是这种方法会使博物馆财务信息系统的局域网不能接入互联网，在防范计算机病毒方面较为麻烦；而采用接入互联网通过防火墙防范升级病毒库的方式则较为容易，但系统有可能遭到外网的入侵。

总之，信息系统一旦受到安全威胁，严重时会处于瘫痪状态，给数字化博物馆带来巨大的损失。如何使网络信息系统免受黑客和病毒的入侵已成为数字化博物馆信息安全保护要考虑的重要问题之一。

三、网络信息的安全防范措施

（一）针对计算机病毒的安全防范措施

计算机病毒是能够自我复制且借助一定的载体存在的具有潜伏性、传染性和破坏性的程序。计算机病毒会占用磁盘、抢占系统，影响计算机的运行速度，并且会对数据信息造成直接破坏。网络信息系统通常采用安装杀毒软件的方式保护信息的安全。

在博物馆网络系统中安装杀毒软件可以很好地防范计算机病毒，从而保证网络信息系统的安全。另外，利用网络版杀毒软件可以实现远程安装、智能升级、远程报警、集中管理、恢复数据、分布查杀病毒等多种功能。因此，安装杀毒软件可以为博物馆网络信息系统提供安全保障。

（二）针对黑客入侵的安全防范措施

黑客入侵是指个别人利用高科技手段盗取密码、侵入计算机网络、非法获得信息的行为。针对黑客入侵，比较有效的安全防范措施就是防火墙。防火墙是用于网络环境中以防止黑客非法访问网络的一种相对安全的设备，它可以过滤掉不安全的服务从而降低风险。这样，通过互联网进来的外网用户只能访问对外公开的一些信息，这不仅可以保护内网资源不被入侵，还能防止内部用户使用外部不良资源。

（三）针对人为失误的安全防范措施

信息系统管理中的一些人为失误也是信息安全工作应该努力避免的，因此，要尽量保证由专业人员进行设备维护。可以采用数据备份的方式降低人为失误带来的损失。数据备份可以采用服务器双机备份或者服务器双硬盘备份。除此之外，还可以考虑委托具有数据恢复技术的专业人员进行必要的维护，以避免重要数据丢失或损坏。

随着计算机网络技术的发展，数字化博物馆的信息资源也能得到最大程度的共享，但紧随信息化而来的网络安全问题也时刻困扰着人们，所以，我们要利用现代化的科技手段合理地解决这些网络安全问题，以促进数字化博物馆信息化建设安全、稳步、健康发展。

第三章　数字化博物馆的
资源层次化描述与展示系统

第一节　数字化博物馆的
资源层次化描述

一、元数据描述方案

元数据是提供关于信息资源或数据的一种结构化的数据，是对信息资源的结构化描述，同时也是用于描述信息资源或数据本身的特征和属性的数据。它具有定位、发现、证明、评价、选择等功能。

（一）以内容描述为主的方案

以内容描述为主的方案主要用于对信息资源集合的纯文本描述，类似于数据库系统的数据字典。凡是涉及资源集合描述元数据的，一般采用以内容描述为主的方案，即将现有的元数据规范标准直接用于描述资源集合；或者对已有的元数据方案增添少量元素，进行一定的扩展。

（二）以功能描述为主的方案

以功能描述为主的方案不对具体的描述元素作出规定，而是从元数据应用的逻辑模型出发，注重服务接口和框架的定义，提供一个标准的、结构化的规范框架或封装方法，规定各类构成元素的内容、句法和语义方法，以及各类对象之间的关系，提供系统自定义功能，对如何描述、如何封装、如何交换、如何达到语义上的一致进行规定。

以功能描述为主的元数据描述方案具有更加灵活的结构，便于扩展，也便于计算机进行交互或自动处理。这种方案常常需要与以内容描述为主的元数据方案结合起来使用。

二、资源描述对象

（一）数字化博物馆资源描述对象的内涵

数字化博物馆描述的对象主要包括博物馆实物藏品和数字化形态藏品两大类别。实物藏品是唯一可以标识的资源，数字化藏品总是和某个特定的实物藏品相关联。而且，与特定的实物藏品相关联的数字化形态藏品通常不止一个。

一般来说，实物藏品的描述包括藏品的属性描述（如名称、类别等）、特征描述（如外观、形态等）及相关背景介绍（如用途、来源等）。通常这种相关背景介绍会依据藏品所属的学科进行扩充。以矿物学藏品——矿物标本为例，描述信息应包括矿物的属性描述（中英文名称、类别）、特征描述（形态、颜色、光泽、硬度），以及与矿物学有关的其他内容描述（来源、成分、晶系和空间群、晶胞参数、鉴定特征、成因）。

一件实物藏品的数字化形态描述可能有多种不同的形式，既可以是图形、图像或视频等；也可以是幼年、青年或老年等不同的状态，如某种生物在不同生长时期的图片。

所有的实物藏品和数字化形态的藏品对象集合都是数字化博物馆资源描述规范所要描述的资源集合。

（二）数字化博物馆资源描述对象的框架

数字对象是指能够独立存在的、有完整意义的数字化信息单元，或是多个这样的单元的集合。一个数字对象由三个要素组成：数字对象的元数据、数字对象的数据体和数字对象句柄。为实现跨领域的资源整合，需要提取不同领域藏品对象的共同特征，同时又需要保留藏品对象的领域特征。

因此，参考借鉴已有的元数据描述方案，根据数字化博物馆藏品浏览和信息服务面向科普、教学和科研的需求定位，笔者提出了数字对象元数据五层结构的描述框架。一般来说，数字对象层次越低，对藏品的领域依赖性就越弱；而层次越高，对藏品的领域依赖性就越强。换句话说，层次越低越能体现藏品的共同特征，而层次越高越能体现藏品的领域背景知识。

一个数字对象对应一件藏品和与之相关联的数字化形式的媒体资源。五层结构中，第一、三、四、五层是针对实体藏品本身而言的，第二层是针对与藏品相关联的数字化形式的媒体资源而言的。因此，整个数字对象元数据描述方案又可以分为两大部分：实体藏品的元数据描述和数字资源元数据描述。这两部分元数据描述将通过藏品标识来进行连接。

1.第一层为数字对象元数据核心集

元数据描述核心集是指通过提取不同领域藏品的共同特征，找出一套通用的、简单的、能够为跨领域藏品所共有的元数据描述集。其数字对象的核心元数据集都共同对照标识符、名称、学科领域、时间、描述这五项标识，从而确保公众在浏览藏品时能够获得通俗易懂和必要的藏品信息。

该核心集适用于数字化博物馆数字对象。其元数据项说明如下：

（1）标识符

数字对象的标识在现实世界中对应着实体博物馆中的藏品。在数字化博物馆系统中，一个数字对象标识，即一件藏品的标识，实际上对应着这个藏品在系统中数字化描述的全部内容，这些内容包括两大类信息：藏品的元数据描述信息和藏品的数字化媒体信息。

（2）名称

数字对象的名称对应着藏品的正式公开名称。对于人文领域中的大多数藏品来说，只有中文名称是正式公开的名称。但对于大多数生物类或地质类标本来说，其中文名称和英文、拉丁文、俄文名称都具有重要的意义。因此，在生物类以及地球科学类藏品中，其名称标识包括两部分，一部分为中文名称，另一部分为外文名称。

很多动植物的别名也是藏品或标本的重要名称之一，在教学和科研中地位特殊，甚至在科普教育中尤为重要。但因为别名并不是所有领域的藏品共有的特征，因此，这里提到的名称并不包括别名。别名可在面向专业领域的元数据描述层次中体现。

（3）学科领域

数字对象的学科领域应按照藏品所属的学科进行确定，如交通运输类、航空航天类、历史类、艺术类等。

（4）时间

数字对象的时间标识通常与资源对象生命周期中的一个事件相关，一般与藏品的创建日期有关。例如，在工程技术类藏品中，一架飞机藏品的时间标识就可以以该飞机整体制造完成的时间为准；在生命科学类藏品中，一件生物标本的时间标识就可以以该标本的制作完成时间为准。但是在人文艺术类藏品中，很多考古出土的藏品无法精确地确定其生成年代，只能以比较模糊的朝代来描述。在地球科学类藏品中，一件标本的时间标识只能以该标本的地质年代来描述，如一块寒武纪的腕足动物化石。

（5）描述

数字对象的描述标识包括对藏品的简单描述，可以从客观属性方面进行描述，如藏品的颜色、尺寸等，也可以加入主观描述，如用途、意义等。

2.第二层为数字资源描述元数据集

一件藏品对应的数字形式的资源对象可能有很多个，它们与该藏品组成了一个完整的数字对象。这些数字形式的资源对象将为网上布展、个性化浏览、多侧面地展示藏品提供视觉帮助。而数字资源描述元数据集一方面为藏品的多媒体展示提供了标识，另一方面也为资源在不同系统之间的移植、融合等提供了相关信息。

该描述元数据集中的各元数据项说明如下：

（1）标识符

由于数字资源对象都是与一定的藏品相关联的，因此，为了保持这种联系，数字资源的标识符应根据其所属的藏品标识符进行定义，保证唯一性。

（2）类型

记录数字资源的类型。数字资源通常有五种类型，即图形、静态图像、活动图像、音频和三维模型。其中活动图像包括视频和动画，为不具备交互能力的动作序列。

（3）格式

格式一般取多媒体通用浏览格式，且标识应与类型标识相关联。例如，类型标记为图像，则格式就应该是图像类型中的一种，可取通用图像格式中的任一种。

（4）文件名

记录该数字资源存储在数字化博物馆中的真实文件名，以备调用或提交。

（5）大小

记录数字资源的文件大小，以字节为单位。

（6）提交者

记录数字资源的提交者。为便于数字资源的管理，通常只有系统的注册用户才能够提交资源。

（7）作者

通常为数字资源的作者。如图片的拍摄者、动画的制作者等。但也存在无法确定数字资源作者的情况。

（8）版权

记录数字资源的版权归属，为数字版权保护提供服务。

（9）描述

对数字资源进行的简单描述。如某一段活动图像反映的主要内容、某一个三维模型表达的是某矿体的晶体结构等。

第一、二层元数据集分别对实物藏品和与之相关联的媒体资源进行了描述。它们提供了描述一件藏品资源对象最核心的元数据标识，为资源定位、基于核心元数据集的资源检索、一般性的公众浏览提供了必要信息。

3.第三层为数字对象描述元数据扩展集（学科）

根据藏品的学科内涵定义元数据标识，不同类别的藏品其元数据扩展集不尽相同，同一类别的藏品因为所属专业不同，其元数据扩展集也可能有很大的差异。例如，同属地球科学类的化石标本和矿物标本，其扩展集就有很大的不同。因此，数字对象描述元数据学科扩展集应按照学科内容对本类别内的藏品进行元数据扩展。

以科技类地球科学藏品为例，其学科扩展元数据标识包括三项：藏品或标本的产地（采集地）、藏品或标本的保存类型及藏品或标本的类别。该扩展集适用于地球科学类藏品或标本，其元数据项说明如下：

（1）产地（采集地）

记录标本的采集地点或产地。由于标本的化学成分与采集地的构造背景有着非常重要的联系，不同产地的同类标本在化学成分、矿物组成上可能存在很大的差别，这些信息对于了解地质背景、揭示地质成因有重要意义。

（2）保存类型

记录标本的保存类型。一般来说，标本的保存类型包括实物保存（即标本本身），以及薄片、光片、模型（模具）、挂图、动画模拟等。

（3）类别

按照学科门类对标本进行分类。例如，地球科学类的标本可以分为岩石、矿石、化石、矿物、宝玉石等类型。不同类型的标本，其特征描述也是不一样的。

4.第四层为数字对象描述元数据扩展集（专业）

仅根据学科特点提供基于学科的数字对象元数据描述，还不足以满足学者或研究人员获取资料的需求。因此，可以依据第三层中的类别信息，将藏品划分到不同的学科框架中。在每个学科框架中根据教学、研究的需要制定更为专业、详尽的元数据标识。

仍然以科技类地球科学藏品为例，不同类别的藏品在这一层有很大的差别。矿物标本的专业元数据扩展集包括：结晶形态、颜色、光泽、透明度、硬度、密度、解理、晶系、化学式、晶胞参数等。

5.第五层为数字对象描述元数据管理集

元数据管理集主要为数字对象的管理提供服务。该管理集主要包括收藏单位和保护等级两项，可根据需要进行扩充。

该管理集的各元数据项说明如下：

首先，收藏单位指藏品现在收藏单位的名称。此元数据项可用于对收藏单位的资源总量和学科分布进行统计，在馆际互借等方面也能够提供有价值的信息。

其次，保护等级指资源的可公开程度。一般来说，用户能够浏览大多数藏品，但出于保护、研究或其他目的，少数藏品由资源提供者对不同的用户或用户组进行资源的获取控制。此元数据项可配合相应的服务实现资源的可控获取。

三、资源集合

（一）资源集合的内涵

一般来说，资源集合特指物理资源对象的集合、物理资源对象数字化后的数字对象的集合、原生数字对象的集合，以及这些资源集合的目录的集合。按照这样的解释，数字化博物馆的资源集合包括博物馆的藏品集合，有关藏品的文档记录、藏品目录等以实物形式存在的实体资源的集合，同时也包括文本、图像、声音、视频、三维模型等数字文件的集合，以及数据库的集合等。

（二）资源集合的特征

在数字化博物馆建设过程中，资源集合都是围绕藏品建立的。数字化形态的藏品对象集合，以及实物藏品与数字化形态的藏品之间的关系构成了数字化博物馆资源集合的主体。一般来说，资源集合具有集合性、同构性、封装性、层次性、分布性、动态性等特点。

1.集合性

资源集合的描述信息是将数字化博物馆的资源集合作为一个整体来进行描述的，它并不一定要求对构成信息资源集合的各个层次的数字对象进行完整的描述，但应从比较高的层面上概括出数字化博物馆资源集合的全局特征，并允许多学科、多领域不同层次的资源加入。而资源对象之间的差异性则可以通过分层次的描述来体现。

2.同构性

构成数字化博物馆资源集合的资源对象及嵌套的资源集合，无论结构多么复杂，在一定程度上都可以认为是同构的。这种同构性反映在构成一个资源集合的联系纽带上，对其进行的元数据描述就是要描述这种同构带来的共性。资源对象的复杂性所带来的异构性问题可以通过封装来解决。

3.封装性

封装是描述信息资源集合、与外界信息环境进行交互以及实现功能的最常用的手段。将数字化博物馆的信息资源集合作为一个整体的描述信息并有选择地在外部呈现，可以实现数字化博物馆中必需的交互操作。

4.层次性

一个资源集合可以是多个资源对象的集合，也可以是多个资源集合的集合。一个资源集合可以包括多个子资源集合，其中每个资源集合又可以包含自己的子资源集合。不同的层次可以用以反映资源集合不同方面的特征，这样就可以通过资源集合的层次性反映集合多层面的特征。

5.分布性

数字化博物馆的资源来源于不同的资源提供者。因此，一个资源集合的各个部分可以来源于不同的地点或不同的系统。一个资源集合甚至可以只是一系列指向分布式资源的元数据。

6.动态性

由于资源集合的分布式特点，在同一个系统甚至在不同系统中，在进行资源集合描述的时候，可以根据具体情况将资源集合定位在不同的层次。

资源集合是构建数字化博物馆的基础，而资源集合的科学组织又是确保数字化博物馆馆藏资源质量提高和应用服务完善的前提。在组织数字化博物馆信息资源时，应确保资源采集的系统性。这要求资源提供者保证信息资源的系统性、连续性和完整性，所提供的信息资源要能够反映所在学科体系的内在联系，以便不断扩充、更新知识库体系。因此，数字化博物馆的资源集合组织应能满足以下六个要求：

第一，具有严密的系统性和良好的可扩展性。

第二，可根据用户需求灵活地改变查询结果集的大小，从而大大降低网络数据传输的负载。

第三，网络信息资源组织方式简单。

第四，检索语言简单，易于掌握。

第五，能高速、有效地处理大量结构化和非结构化的数据。

第六，具有图、文、声并茂的信息服务功能。

（三）资源集合的类型

数字化博物馆的资源集合根据形式可以分为文本、图形、静态图像、音频、活动图像、三维模型等。

不同形式的数字资源并不是孤立地存在于数字化博物馆中的，它们与实物藏品组成了一对多的关系。以地球科学类藏品为例，一块地质标本除了包括以文本形式表达的藏品基本特征与属性描述等内容，还与视频、图像、模型、音频、动画及文档等其他媒体内容相关联。

（四）资源集合的描述框架

数字化博物馆资源集合的描述框架为综合上述分类的结果构成的对象层次结构。自上向下分别为系统层、集合层、对象层和元素层。

第一层是系统层。系统层是资源描述框架的最高层。它代表了数字化博物馆的全部资源。

第二层是集合层。集合层结合实体博物馆的藏品分类法及教育部的学科分类法，将藏品按照学科粒度自上而下、由大到小的标准依次划分。各类别可以按照这样的粒度进行进一步划分。这种划分的好处在于利用不同层次的抽象程度充分体现藏品的共性和特性：在高一级的层次上用较大的粒度提取藏品的通用特征，而在层次较低、粒度较小的层面上突出藏品的领域特征。

第三层为对象层，其是按照藏品的资源类型进行划分的。对象层以单个藏品或标本为一个对象单位，将不同形式的数字资源与所属藏品联系起来。藏品和与其联系的数字资源构成了具有一定结构的数字对象。

第四层是元素层，其位于最底层，由不同的元素或标签构成。这些元素或标签将根据不同类型的资源进行设定，以实现描述资源的基本功能。每个元素或标签都拥有唯一的名称和值这两个属性。

第二节　数字化博物馆的展示系统

数字化博物馆是以数字形式对信息进行采集和管理，实现信息的永久保存，并通过因特网为大众提供数字化展示、教育和研究等多种服务的信息系统。数字化博物馆除了具有典藏、分类、访问、查询等功能，还突出了为用户提供内容展示的功能。由于网络的迅猛发展，数字化博物馆的内容展示主要基于Web页面，普通用户通过浏览器便可浏览展示的内容。

内容展示是数字化博物馆与使用者面对面互动的窗口，数字化博物馆用于展示的多媒体信息数据包括图像、文字、声音、视频等，最主要的展示服务是馆藏物品浏览。文字是传达信息、保存知识的基本工具，是互联网上内容展示最重要的元素，图像文件相对于其他多媒体文件来说更容易获得，同时图像文件因数据量较小，也很方便在复杂多变的网络环境中传递。

纵观国内外数字化博物馆，一般是以文字、图片结合的方式对馆藏物品进行介绍，当对图像质量要求较高时，可采用虚拟现实、三维立体显示等技术，单纯用音频、视频介绍藏品的展示方式使用较少。

数字化博物馆的建设内容广泛，表现形式丰富，用户对内容展示的需求也千差万别。内容展示的实现过程涉及内容构建人员、视觉设计人员、系统工程师，以及系统管理者等多种角色。各种角色由于所属部门及各自学科范围不同，很难充分交流，而具备多方面知识及技术背景的人员又很缺乏，因此开发展示系统成为数字化博物馆建设的一个瓶颈。

数字化博物馆的展示系统是一种利用数字技术、信息技术和多媒体技术等手段，将博物馆的藏品、展览、历史背景等信息进行数字化处理，并将处理过的信息通过互联网、移动设备等平台向公众展示的系统。这个系统旨在提供更加生动、直观、灵活的展示方式和更丰富的展示内容，以满足用户的需求，同时推动博物馆的数字化进程和创新发展。

一、数字化博物馆展示系统的分类

（一）资源管理系统

展示系统有一套自定义元数据标准对数字化藏品进行统一描述，资源管理系统利用元数据对数字化藏品信息进行标准化管理。数字资源输入资源管理系统之后，数字资源内容及其相关的数据存储在数据库与文件系统当中。资源管理系统将数字资源与其元数据信息相关联，对资源进行结构化整合，使每一个数字化藏品都可以被纳入资源管理系统。资源管理系统对所有的数字资源进行统一管理，提供上层服务模块调用数字资源的接口。

资源管理系统的结构设计分为两个层次：存储层负责元数据及各种数字资源的物理存储；逻辑业务层包括各种管理服务模块，如内容管理、用户权限、唯一定位、资源提交流程管理、历史记录、检索服务等。两个层次之间通过应用程序编程接口（API）实现沟通，这样做的目的是使两个层次相互分离，即对某一层进行开发不会影响另一层。

资源管理系统各功能模块之间采用松耦合方式连接，通过访问接口进行互相调用。每个模块的重构都不会引起系统其他部分的改变。资源管理系统的这种设计方便开发者的开发，提高了各模块的重复利用率，有助于系统的扩展与维护。

（二）动态网页生成系统

动态网页的制作需要大量的 Web 技术进行支持，由系统工程师、内容构建人员、视觉设计人员共同实施。动态网页生成系统基于 XML 实现用户界面个性化定制，使内容层、逻辑层、表现层能够平行开发，实现各种开发人员的独立设计、独立创建、独立管理。

整个动态网页生成系统的结构主要分为三个层次：底层是资源管理系统，公共 API 封装了所有的藏品资源及其管理控制操作功能，上层对资源管理系统的所有调用都是通过公共 API 实现的；展示业务层是动态网页生成系统的持久层，供各个具体的动态网页需要时调用；最上层的展示应用层是具体的动态网页实现层，根据不同的需求实现不同的动态网页展示，该层基于 Cocoon 实现 Web 发布。

1.Cocoon 简介

Cocoon 是一个开源的 Web 开发框架。基于 Cocoon 的 Web 开发利用了 SOC 模式，具体是基于 SAX 的各部分实现的，各部分通过某个特定的处理管道整合在一起。SAX 的各部分包括：匹配器、生成器、转换器、序列化器、选择器、视图、阅读器、动作。

基于 Cocoon 的动态网页的生成过程是：首先有一个 Web 请求进入管道，然后各种成分在各个阶段将处理好的内容添加到管道里，直至达到管道的末尾，整合好的内容就被传递给用户了。在这种方式下，各开发者可以独立开发各个部分，然后像搭积木一样将各部分连接在一起，生成动态网页。

2.展示应用层

展示应用层包括的三大功能模块分别由不同的工作团队来开发。三个工作团队可以平行开发，相互没有影响。开发人员也可以在掌握一门技术的前提下顺利完成任务。三个功能模块通过 Cocoon 整合在一起，形成动态网页生成的生命周期：首先获得用户发出的页面请求，进入相应的主题，在相应的主题中依次进行展示内容生成、展示内容设计部署、展示样式匹配，最后通过序列化器将页面返回到用户界面。

（1）展示内容生成

展示内容生成过程是一个内容单元链的实现过程，内容单元链的实现是采用递归的方式添加所需要的内容单元。最先添加到链中的是展示内容单元，最后一个加入链的是基于 XML 的原型对象，原型对象里没有任何具体展示的内容，只有基本的 XML 根元素，以及各种定义好的 XML 节点容器。

当原型对象加入内容单元链之后，便采用递归算法把各个展示内容单元的具体数据添加到原型对象中。我们可以把内容单元链看成一个栈，将内容单元添加到链的过程就是压栈，栈满之后，各个内容单元开始弹栈，弹栈的操作就是执行各个展示内容单元的具体程序，即将各自数据依次添加到原型对象中。原型对象就像滚雪球一样，最终得到的就是一个符合主题要求的 XML 对象。该对象只有结构化数据和元数据等信息。

（2）展示内容设计部署

展示内容设计是对展示内容生成模块输出的 XML 对象进行处理。展示内容生成过程中产生的 XML 对象包含了用户请求页面所需的所有数据。展示内容设计步骤基于 XSL，将符合系统预定义的 XML 对象转换成浏览器可以展示的页面格式，展示系统采用的是可扩展超文本标记语言（XHTML）。

（3）展示样式匹配

展示内容设计部署模块输出的 XHTML 对象，需要具体的页面样式风格进行匹配。该步骤的功能就是将具体的基于层叠样式表（CSS）实现的样式风格与 XHTML 进行匹配，获得良好的视觉效果。

3.展示业务层

展示业务层独立于生成动态网页的生命周期，它为展示应用层的展示内容单元提供更加细化的基本单元。每个基本单元提供添加一个展示内容单元的基本框架，它封装了处理 SAX 事件的复杂过程，提供给上层的实现接口。尽管展示业务层不在 Cocoon 的生命周期内，但是它为上层提供了实现框架，所以它采用符合 Cocoon 的追加模式，即不考虑对象中原有的内容单元，只向对象中添加新的内容单元。

（三）静态网页发布系统

静态网页发布系统为管理员提供一个基于 Web 的控制界面，使他们能够远程操控静态页面的创建、维护、更新和删除。一般的工作过程是：由管理员先选定需要发布的网页和该网页使用的模板，然后发布系统从数据库中读取待发布网页的内容和选定的网页模板，生成最终的静态页面及相应的图片和影音文件，并将这些文件放在 Web 服务器指定的目录里，供用户浏览。

另外，数据库中可以保存风格各异的网页模板，发布系统也可以根据不同的模板，自动更新已发布的静态页面，从而生成具有新样式的信息发布系统页面。

静态网页发布系统基于 XML 技术，主要包括数字化博物馆预定义模块、展示内容视觉样式设计与发布模块，以及资源管理模块。

1.预定义模块

预定义模块中的抽象模型包括数字化博物馆展示内容的存储结构与展示脚本两方面的信息。预定义模块的作用是将数字化博物馆展示内容的存储结构与展示脚本两方面的信息进行结构化定义。结构化定义包括两方面的问题，抽象数据结构及标识语言。

抽象数据结构采用树形结构，标识语言选择与平台无关的 XML。采用XML，一方面是因为系统的网络环境、软件支持要与使用效益等相协调，另一方面是因为 XML 与抽象数据结构的树形结构相符。

与以前的展示发布工具相比，静态网页发布系统的特点是：内容可以进行管理，页面设计自主性大，可以随意修改而不影响数据库内容。静态网页发布系统最关键的模块是展示内容样式设计及发布模块，用户主要是通过该模块实现页面的设计发布。静态网页发布系统的关键技术也集中在这一模块。

在展示页面生成的过程中，系统将根据结构化表示的网页内容（XML 文件），自动获取图片和文字的属性信息，并根据这些属性信息自动匹配样式模板，然后再在选择好的模板的基础上，调整图片和文字的位置，使之达到预期的效果。

用户界面主要有两部分：工具箱和工作区。

（1）工具箱

抽象模型中的每个组件代表的都是一个类型，而实例化模型中的每个组件都是某个类型的一个实例。这个要求隐藏了两层含义：第一，实例化模型中的每个组件必须继承抽象模型中与其相对应的类型的所有属性；第二，实例化模型中的每个组件必须遵循其所对应的类型在抽象模型中所具有的结构关系。

针对以上需求，我们引入了一种结构化的工具箱，将抽象模型中的组件以可视化图形控件的形式呈现，并且预先定义它们的结构关系。这样用户在使用该工具时，就可以在工具箱中看到所有可供使用的可视控件，以及它们之间的结构关系，降低抓取控件的难度，避免维护复杂的控件结构关系。

预定义模块的展示脚本制作工具将界面分成了两部分，下半部分是一个结构化的工具箱，显示了抽象模型中所有可用的控件和它们之间的关系。我们也可以把它称为一个看得见的抽象模型。上半部分为工作区，用户可以在工作区中创建自己的实例化模型。

（2）工作区

在工作区的设计中，我们主要考虑用户交互操作的友好性。

通常情况下，一棵很大的树中会有许多很深的节点。理论上来讲，对于一个 n 叉树，第 h 层最多存在 n^{h-1} 个节点。例如，一个三叉树的第五层中最多含有 81 个节点。为了避免给版面布局及搜寻内容等带来一系列的麻烦，需要降低每次显示的节点数目。一个最简单且十分高效的办法就是局部显示，即每个层次只显示一个树枝，并且这个树枝是以列表的形式展现出来的。

展示脚本预定义工具所采用的局部显示法是有选择性的，其显示策略不仅降低了界面的布局难度，而且减少了所需搜索的范围，并且能够使用户的注意力集中在当前被选中的分支。

虽然选择性显示所给出的信息少于全局显示，但是它能展示与树相关的信息。它能够聚焦当前用户所选中的分支，且不显示其他的无关信息，而这也是大部分设计者所追求的效果。

工具箱中的一个控件代表了一个类型，而工作区中的控件代表的则是一个实例。对于一个类型来说，它可能存在很多的实例，所以每个控件必须用不同的名字表示，以作区分。

工具箱中所有可视控件的名称是不能改变的，因为它们都是类型名称；而对于工作区中的控件来说，因为它是属于一个类型的实例，所以它们的名称是可以改变的。一旦实例的名称改变，用户就很可能记不起来这个实例属于哪个类型。为了解决这个问题，我们将图标与类型联系起来，不同的类型拥有不同的图标，图标在每个矩形控件的左边。这样即使实例的名称改变了，图标也不会随之改变，用户就可以很方便地找到它所对应的类型。

用户设计好自己的模型后，将预定义模块进行后台处理。模型包括两个主要内容——展示内容的存储结构和展示脚本，这两部分都将形成具体的 XML 描述文档，然后进行不同的处理。

2.展示内容视觉样式设计与发布模块

首先根据预定义模块生成的 XML 展示脚本文件生成功能脚本，然后用户可以选择脚本中具体的页面节点进行页面的设计和发布。页面节点有两个类型：链接页面节点和内容页面节点。用户选择不同的页面节点后会自动进入相应的页面发布流程。

链接页面的设计发布流程包括：根据脚本获取相关信息，自动生成链接页面的 XML 内容、将 XML＋XSLT 内容转换为 XHTML、结合 CSS 模板及相关资源得到最终显示效果。

内容页面的设计发布流程相对较复杂：根据脚本自动进入内容页面的发布流程，与资源管理系统相关联，获取藏品信息和多媒体文件生成展示内容单元，根据展示内容单元自动生成发布内容，可对发布内容进行编辑加工生成 XML 内容、将与 XSLT 相关的内容转换为 XHTML、结合 CSS 模板及相关资源得到最终显示效果。

从用户的角度看，数字化博物馆的在线内容展示的是一些网页的序列，而安排这个序列结构关系的就是展示脚本，页面中每一个完整的展示内容就是展示单元。

展示内容视觉样式设计及发布模块得到预定义模块的展示脚本 XML 描述文件后，生成可以驱动本模块各种操作的功能性展示脚本。

展示内容视觉样式设计及发布模块还要获得结构化的数字资源，以便生成展示单元。这个过程是通过调用底层资源管理模块提供的 API 实现的。

展示内容视觉样式设计及发布模块采用 XML 对展示单元进行描述存储，具有相同展示内容的展示单元可以根据不同的展览需求重复使用，具有多种展示样式。

展示内容的表现方式以样式表的方式与内容搭配呈现，不同的样式表可以使相同的展示内容呈现不同的展示样式。因为展示单元描述文件采用 XML，所以样式表的格式以 XSL 为主，CSS 为辅。

展示内容视觉样式设计及发布模块支持根据展示单元的具体情况自动选择样式表。数字化博物馆有大量以文字和图片为主的网页。由于网页之间存在文本及图片的各种差异，如图片的分辨率、文本的长短、特殊符号、链接文字等，静态网页发布系统在网页生成的过程中会自动选择合适的样式表，使页面的文字、图片搭配合理，视觉效果良好。展示内容视觉样式设计及发布模块同时支持用户对样式表的手动定制。

3.资源管理模块

静态网页发布系统中的资源管理模块基于资源管理系统，为其他两个模块提供调用数字资源的接口。

二、数字化博物馆展示系统的主要问题与解决对策

现阶段数字化博物馆展示系统存在的主要问题可以概括为以下几点：

首先，技术实现难度大。构建数字化博物馆展示系统依赖于先进的技术手段，如三维成像、虚拟现实、增强现实等。这些技术的实现难度较大，需要专业的技术人员进行开发和维护。同时，展示系统可能还面临技术更新快、设备兼容性差等问题。

其次，资金与资源限制。数字化博物馆展示系统的建设和维护需要大量资金投入，包括硬件设备购置、软件开发、数据维护等。对于资金不足的博物馆来说，难以实现高质量的数字化展示。此外，一些博物馆可能还缺乏数字化所需的文物资源、图像数据等。

再次，用户体验不佳。部分数字化博物馆展示系统可能存在界面设计不合理、交互方式单一、信息架构混乱等问题，导致用户体验不佳。用户可能难以快速找到所需信息，或者在浏览过程中因无法找到所需信息而感到困惑和不满。

最后，存在知识产权与版权合法化使用问题。数字化博物馆展示系统的构建涉及大量文物的图像、视频等资料的合法使用问题。如何确保这些资源的合法使用，避免侵权纠纷问题发生，是该系统在构建过程中需要重点解决的问题。

针对以上问题，可以采取以下对策：

首先，加强技术研发与更新：博物馆应积极引进和研发新技术，提高展示系统的技术水平和稳定性。同时，加强与科技企业的合作，获取更多的技术支

持和持续的维护服务。

其次，寻求多元化资金渠道。博物馆可以通过政府拨款、社会捐赠、企业赞助等多种方式筹集资金，用于数字化展示系统的建设和维护。此外，也可以考虑与商业机构合作，共同开发具有商业价值的数字化展示项目。

再次，优化用户体验设计。博物馆应重视用户体验设计，从用户需求出发，优化展示系统的界面设计、交互方式、信息架构等。同时，定期收集用户反馈信息，及时调整和改进展示系统，提高用户的满意度。

最后，加强知识产权与版权保护：博物馆应建立完善的知识产权与版权保护机制，确保展示系统内文物的图像、视频等资料具有合法授权，能够合法使用。同时，加强版权意识教育，提高工作人员对知识产权和版权的重视程度。

第四章 数字化博物馆常用的 三维技术

第一节 三维建模技术

三维模型是通过对真实和虚拟对象进行三维建模,从而构造出的图形多媒体形式。通常来说,三维模型有两大类:第一类为可视化模型,即模型需要在人们的视觉感知层面上达到真实可信的程度,但并不要求科学上的严格精确,如我们在影视与互动娱乐业中接触到的模型数据,一般来说只要达到视觉精确就可以了;第二类为科学仿真模型,这类模型主要用于工业生产、科学仿真计算等领域,所以必须要求其尺寸、形体跟现实中物体的尺寸、形体完全一致。以工业设计为例,如今很多工业产品生成流程都是无纸化的,这就需要设计师在产品设计阶段构建出能够直接用于生产线进行实际生产的精确模型。

与其他多媒体形式相比,三维模型不仅能全方位地展现藏品的全貌,还能够动态展示藏品的各种信息,同时还能与用户进行互动,增加数字化博物馆的互动性和趣味性。

一、三维建模的方法

三维建模一般有两种方法：基于深度图像的建模方法和基于图像的建模方法。

（一）基于深度图像的建模方法

基于深度图像的建模方法主要由两部分组成：深度图像的采集和加工处理。在数据采集过程中，使用三维激光扫描仪获取藏品的三维几何数据，并用专业的数码相机从不同的角度拍摄物体，从而获取物体的表面纹理数据；然后，在数据加工处理过程中，利用专业图形处理软件处理激光扫描数据，构建出三维模型；并用图像处理软件把通过相机获取的纹理图像映射到模型表面，构造出逼真的三维物体。

下面详细阐述基于深度图像的建模方法的具体步骤。

1.原始数据采集

原始数据采集是使用三维扫描仪和数码相机、数码摄像机到实地获取数字信息，包括获取三维数据和二维数据。

（1）原始二维数据采集

一般使用数码相机进行二维数据采集供纹理贴图使用。这里需要注意，拍摄时光线要柔和，并且尽量对一个对象采用相同的曝光强度，否则贴图会出现明暗效果不一致的问题。

（2）原始三维数据采集

三维数据一般是用非接触式的激光扫描仪采集得到的。在扫描的时候，扫描仪向物体发射一束激光，然后通过计算激光返回的时间得到模型的深度值。

扫描仪一般有两种工作模式：联机模式和脱机模式。联机模式可以通过计算机控制扫描过程，脱机模式则需要用户手动控制扫描过程。扫描的原则是：尽量多角度扫描，且各个角度之间必须有重叠部分。

三维扫描得到的是物体的点云数据，需要进行后续处理，由这些点云数据得到网格数据。

2.数据加工

数据加工的流程包括拼合（对接）、压缩、补洞、网格优化、简化、压缩、导出几何模型、切分模型、纹理映射、导出纹理贴图背景框图、加工二维纹理图像、指定纹理图像、局部调整、导出带纹理模型等步骤。其中，拼合（对接）、压缩、补洞、网格优化、简化、压缩及导出几何模型属于建模过程，可以通过PolyWorks软件完成；切分模型、纹理映射、加工二维纹理图像、指定纹理图像、局部调整、导出带纹理模型属于图像处理过程，可以通过PhotoShop或3ds Max等软件完成。

（1）拼接与对齐

在扫描的过程中，为了得到物体完整的三维数据，需要对其进行多个角度的扫描，因此，数字化藏品的后期工作首先就是要把现场采集到的各个角度的三维数据拼接在一起，实现对齐。这里以PolyWorks软件为例，说明如何完成这项工作。

PolyWorks软件主要由数据配准、数据融合、模型编辑后期处理、模型浏览等模块组成。数据配准模块是用来统一坐标系和拼接文件的，它将从各个角度扫描得到的三维点云数据根据它们的重叠部分进行配准；数据融合模块主要是将配准之后的数据融合成一个整体；模型编辑和后期处理模块主要对融合之后的模型进行一些后期处理，如补洞等；模型浏览模块主要是用来浏览模型。

（2）压缩

当得到一个物体的完整三维模型时，该模型的数据量通常比较大，因此可能需要对数据进行压缩处理。压缩的基本思想是在保证数据质量的情况下尽可能地压缩。

当然，如果用于网络传输的话，就要找到一个质量和数据量的平衡点。另外需要注意的是，压缩模块时只能进行全局压缩。

（3）补洞、网格优化、简化、压缩

由于三维扫描仪扫描物品时存在扫描条件不明确、复杂模型的自遮挡、扫描数据量大等问题，因此有时并不能得到物体表面完整的网格数据，会出现大量的空洞。PolyWorks 的数据配准模块能有效地修复这些缺少的三维数据，为后续的加工提供完整的三维模型。

下面将对 PolyWorks 如何修复缺少的数据及对网格数据进行进一步加工作详细的讨论。

补洞、网格优化、简化、压缩这四个过程在数据配准模块中交叉进行。主要有下面九个步骤。

第一步，补洞预处理——清理悬浮面片。在前期合并阶段，可能会产生大量的悬浮面片，选中这些面片以后，直接删除即可。

第二步，填充表面细节单一的小块区域，方框区域直接三角化即可。

第三步，填充细节丰富的区域。线框内区域，采用曲面补洞的方法。

填充和修补时有四个常用的使用技巧。

技巧一，对于拓扑结构比较复杂的模型，为了方便操作，需要将其单独分离出来进行局部补洞。注意在局部可视模式下不要做任何删除操作。

技巧二，对于比较小的曲面用技巧一的方式来填充，对于面积较大的区域用多个曲面来填充。在曲面比较复杂的情况下，需要对曲面控制点进行进一步的编辑加工。

技巧三，对于缺少大量信息的大面积空洞，首先要将周围部分出现的小块空洞填满；随后，扩展周围各部分曲面，逐块向内收缩；最后，按照普通的空洞区域进行修复。

技巧四，压缩补过区域内的三角网格，被修补区域内的三角网格密度一般要比 PolyWorks 整合以后的网格密度高，所以选中修补区域后需简化三角网格。

第四步，合并，简化三角网格之后再将新添网格合并到原始模型中。

第五步，重复操作，修补所有的洞。

第六步，优化，对所有面片进行优化操作，参数按照默认数值即可。

第七步，压缩，按照实际需要，对模型进行不同级别的压缩，甚至不压缩。注意，压缩的时候最好不要整体压缩，这样会漏掉细节的部分。对于细节部分单独进行压缩。

第八步，局部再优化，均匀化三角网格，尽量减少那些形状奇特的三角形。

第九步，检测空洞。在完成上述操作之后可能还有一些悬浮的或者是小的三角形存在，利用 PolyWorks 进行多次自动检测，直到补充完所有的洞。

注意在补洞过程中，特别是在补洞的末期，如果因错误操作删除了大块的原始面片数据，可采用下面的方法进行补救：将现有模型导入数据配准模块；导入后，从不同的角度再次扫描三维模型，得到其深度图像；再一次和原始数据进行拼合；最后再对齐、合并。

（4）切分模型

在得到了物体的三维几何模型之后，接下来的工作就是对其进行纹理映射。在对整个模型进行纹理映射时，往往很难找到一种投影方式，能够使得一幅模型纹理图恰到好处地映射到模型上面。这时候，一种解决的办法就是根据易于投影的原则，把整个模型切分成若干部分，再分别对其进行投影并构建局部纹理图。

（5）纹理映射

一般的纹理映射可以用 3ds Max 软件和 PhotoShop 软件来完成。对模型进行纹理映射的基本步骤是：首先在 3ds Max 中选择一种投影方式，并设定合适的投影参数，导出纹理贴图背景，然后在 PhotoShop 中进行纹理贴图的填充和融合，最后把贴好的纹理图重新映射到模型上。

（6）二维纹理图像的加工

这部分的关键在于使用 PhotoShop 对 3ds Max 导出的二维纹理框图，利用实际拍摄到的照片进行填充和融合。

第一步是选择照片。从局部入手，把纹理图中比较容易辨认的地方先贴好。

第二步，对区域进行填充。从原始照片上选取对应部分，方便操作，最好沿着对应区域的边缘进行选取操作，改变图层的不透明度，或者改变其融合方式，方便将所剪切的图片和纹理图进行拼合。对剪切得到的图片进行拉伸、旋转等操作，使得图片上各部分和实际的面片相对应。

第三步，在各块图像之间自然过渡并融合。首先调节相邻两幅图像的亮度和对比度，使两者保持一致，特别是相接的地方。相邻块之间的重叠处可以用橡皮擦点擦，这样看起来衔接得比较自然。

重复以上步骤，就可完成贴图工作。

（7）指定纹理及局部调整

在材质编辑器里，将处理好的纹理图像指定给三维模型。由于模型展开方式的限制，模型的有些部位是被遮挡、无法进行贴图的，可以采取相应的方法来进行局部调整。例如，一座佛像采用的是平面的展开方式，手臂后面的部分在展开的图片里是显示不出来的，可以在 3ds Max 中选择被遮挡的这部分，然后移动这部分到其旁边有贴图的地方，使其与旁边的颜色相近而达到调整的目的。

（8）导出模型

至此，就得到了物体的完整三维模型和纹理。接下来，便可以按照绘制引擎所需的格式导出三维模型，并附上所需的纹理贴图。

（二）基于图像的建模方法

通常所说的基于图像建模是指利用图像恢复物体的几何模型，这里的图像包括真实图片、渲染图像、视频图像及深度图像等。而广义上的基于图像的建模方法还包括从图像中恢复物体的视觉外观、光照条件及运动学特征等多种。

根据几何重建所需线索的不同，可将基于图像的建模方法分成两种。第一种是主动方法和被动方法。其中，主动方法是指通过控制场景中光照的方式主动获取场景的三维信息，而被动方法是指被动接受场景中的光亮度信息，进而通过分析图像中的明暗、阴影、焦距、纹理、视差等被动线索进行三维重建。第二种分类方法是按照重建算法的自动化程度（自动、半自动、手工交互），或按照使用参考图像的幅数（单幅、两幅、多幅）对基于图像建模方法进行分类。

二、三维建模的思路

（一）最基本的建模思路——搭积木

对于初学者来说，初步掌握了三维建模的基础理论知识和某一款三维软件基本操作功能，之后就应该进行大量的基础案例练习。当对三维建模的基本思路有一个总体的认识后，其才适合进一步学习更多的建模方法，比如曲面建模。因此，首先介绍三维建模中最为简单的建模思路——搭积木。

幼儿会利用积木搭建一些基本的物体，如房子、火车等，这可能是人类最初思考物体体积和形体的一种方式。三维建模中依然可以延续这样的思路。我们可以将软件中的基本几何体，如方块、圆柱、圆锥、球体等看作积木，然后通过简单的堆叠组合成一个全新的形体。当然，有了三维建模软件，不光可以把这些基本几何体作为积木，还可以利用建模技术将其加工成复杂形体，然后将这些复杂形体作为积木来使用。

这里以搭建写字台模型为案例进行分析。通常我们看到的写字台是由一些线条简单的板材构成的。进行三维建模时，我们只需要将这些组成写字台的板材分别制作出来，然后在空间中搭建出写字台的形体即可。板材大多是立方体，如果考虑其加工工艺，可能需要稍微加一些倒角处理，除此以外没有其他的建模技巧。因此，可以先用立方体来制作桌面台板。

有了台板这块"基础积木"之后，可以通过最简单的复制和位移功能，搭建出整个写字台的大框架。这里有一个细节需要注意，因为写字台侧板和抽屉隔板等部件尺寸与台板是不一样的，所以要重新调整。然而，台板模型上已经有倒角细节，如果这时简单地用缩放工具进行调整，会导致倒角被同步放大或缩小。要避免这种问题，可以用多边形建模中最为基本的方法——调点，也就是直接进入顶点编辑模式，将相应顶点拖拽到新的位置即可。

抽屉的制作也是非常简单的。单个抽屉的结构基本可以分成三个部分：抽斗、面板、把手。其中，面板可以用之前的台板复制后修改尺寸大小得到；抽斗则是用一个立方体，将其顶面挤出得到；把手可以用圆环制作，将其删除一半，并将余下部分的一半分离，拉开一定距离后再合并，将中间部分连接即可。

抽屉的各部分零件制作完成之后，可以将其设置成一个组，然后将这个组作为一块"积木"，加以复制并移动，放置到所需位置，即可完成整个写字台的建模。对于组的操作，每个三维软件都有其特有的规则，这些规则需要建模者熟练掌握。比如在 3ds Max 中，成组的物体在三维视图中是不能被单独选中的，只能选中整个组。如果要单独对其中的部件建模，需要解锁组才行。而在Maya（一款非常优秀的三维动画制作软件）中，成组的部件依然可以在三维视图中被单独选定，并进行建模或动画处理。如果想选中整个组，则要借助大纲视图或键盘上的方向键来操作。

在建模过程中，虽然软件操作上有不同，但建模的基本思路是不变的。在这个案例中，物体的所有部件都可以被拆解成非常简单的几何体，所以特别适合使用搭积木的建模思路。

搭积木建模的思路非常简单明了，很多硬表面物体都是以这种思路为基础的，尽管各块"积木"的复杂程度不一。这类建模思路还有一个非常典型的应用领域——建筑建模。建筑的结构中存在着大量的基本几何体，如果没有特写镜头的需要，很多细节都会用贴图来表现，所以多数情况下其建模就相对比较简单，不需要雕琢更多细小结构。

下面就以搭建哨塔模型为案例来进一步明确这种搭积木的建模思路。

正式着手建模前，一般先分析一下被建物体的形体。如果有设定稿和三视图，则直接看图分析。如果没有这些资料，需要重新进行设计，那就要多搜集相关资料进行研究。如果有必要，应该花时间绘制一下三视图，来帮助理解被建物体的形体。哨塔这个建筑的构造比较简单，主要有外露的楼梯和塔身两大部分，其中塔身又包括基座和塔台房间两部分。对楼梯和栏杆进行分析后，可以看到该建筑物有大量反复使用的结构，如台阶、栏杆、柱子等。同时，观察后发现主体都是简单几何体，所以"搭积木"是可使用的建模方法。

首先，用立方体做出台阶和柱子。在柱子上稍微做一些细节，表现出一定的结构力度。如果需要，在台阶上也可以做很多的细节。一个模型的细节度完全取决于它的最终用途。比如这个哨塔只出现在远景中，那么这个模型就可以做得非常简单，甚至台阶、栏杆这些都只用简单面片模型，加上透明贴图来表现。又比如，有一个类似于《玩具总动员》的游戏，而这个哨塔是游戏中的某个关键场景，那么建模的精度要求很可能是将细小的螺丝、螺栓都做出来。这里主要是为了说明"搭积木"的建模思路，所以对细节不再作过多论述。

要注意的是，如果模型不需要做复杂的变形动画，而物体本身又是硬表面，那么在某些情况下，三角面是首选。在这个案例中，柱子的顶面就可以保留部分三角面，这样可以保持面数的精简。

有了单个的台阶和柱子模型，通过阵列复制可以快速创建楼梯。阵列复制是三维软件都具有的功能，在三维建模时可以用来对大规模重复或有规律的物件进行快速复制。在 Maya 中，复制一个物体后，保持选择状态，并将复制出的物体进行位移编辑，然后再连续按组合键"Shift＋D"便可实现阵列复制。

将不需要的柱子清理掉，并加上扶手，就可以得到完整的楼梯模型。如果项目需要高精度模型，那么还应该仔细设计台阶间的固定和连接结构，并进行建模。

在此基础上，通过复制排列以及简单的建模，即可构建出转角平台部分的模型，从而形成一个带转角的楼梯模组，也就是一块相对比较复杂的"积木"。

有了这块"积木"，就可以通过进一步的复制与排列，得到所有的楼梯结构。

在对这些楼梯进行位置调整时，有个小技巧可以使用，即捕捉对齐。所谓捕捉对齐，是指执行命令时，模型被锁定在某些特定的顶点、边线或者栅格上。在进行捕捉对齐前，首先要确定好模型自身的坐标中心，往往可以先将模型的坐标中心捕捉对齐到模型自身的某个顶点或某条边线上，之后再将整个模型捕捉对齐至其他模型上。事实上，这个技巧在三维建模中经常被用到，熟练掌握后，可以大大提高建模效率。

塔身的基座部分是个简单的梯台，其中间突出的部分用切割和挤出的方法就可以得到。塔台部分是个简单的方形屋子，如果将其分解，则是屋顶、地面和四面墙体，它们都是简单几何形体，没有太大难度。墙体上的窗户和门也是简单几何体。同样，立方体简单加工后即可变为屋顶的天线。

在此基础上，应在塔台和塔基之间加上一些支撑结构，让整个模型看起来更加合理、可信。最后再将塔台的栏杆布置一下，微调整体比例，整个哨塔模型就搭建完成了。

以上这些就是"搭积木"的建模思路在建筑模型上的运用。这种方法在建筑可视化领域用得非常多，建筑巡游动画中的大多数楼房建筑模型都是这样搭建起来的。在学习三维建模初期，我们可以多练习此种方法，利用这种方法训练对现实事物的归纳能力。有些事物可能有非常多的细节，这会让建模初学者望而却步，其实可以舍弃细节，然后在三维软件中用概括的几何体去构建想要表达的事物，当对软件比较熟悉，且建模技能提高后，再在此基础上去塑造细节。

（二）从整体到局部的建模思路

大多数现实事物都会给人一个总体印象，比如人们往往会说"这个人瘦得像一根筷子"，这句话的背后是人们将细节结构剔除，并概括事物后得到的一个整体形状概念。三维建模时，大多数时候我们依然需要这样一种思维方式，那就是从整体到局部去构建物体，只有这样才能比较准确地把控物体的比例关系和结构关系。建模初学者特别容易忽略整体，经常在整体形状、比例关系还未找准时就已经开始刻画细节。需要切记的是，模型整体的比例关系是最重要的，并且在建模初期要特别注意概括，尽可能用较少的顶点数量去表达形体，在比例关系没有找准前，不要添加顶点。

下面以一架飞机的建模为例，对这一主流建模思路进行演示。

如图4-1所示，这架飞机主体结构由机身、机翼、尾翼、引擎等几部分组成，每一个部分都可以被概括为简单的几何体：机身可以理解为横截面不一致的圆柱，机翼和尾翼基本上都是梯形，而引擎可以看成半球结合内凹的圆柱。基于这样的总体分析，在建模之初就可以利用基本几何体去构建整体结构。

图4-1　飞机模型

有一点需要注意：在基本几何体的使用中，应尽量避免使用带有极点的形体，这能够为后续的建模带来很多好处。这里举一个简单例子，如果需要一个球状几何体，那最好使用立方体来做，如果直接使用球体，那么在球的两端会有极点，极点周围是一组三角面，这往往会给建模的后续处理带来麻烦。如果用立方体，对其进行一次 Smooth 操作，它将被插值计算成一个球体，而这个球体是没有极点的。

飞机的机身部分最初是从一个方块做起的，通过插入循环边工具（Insert Edge Loop Tool）或其他切割工具对其加入一些边，然后大体拖拽出机身主体。

这个阶段不要急于添加过多的边，每次切割后充分利用新的顶点塑形，不断在三个视图中调整比例关系。当觉得顶点不够用时，再考虑切割新的边。在制作过程中，我们可以参考一些飞机的图片。

机翼和尾翼也是从方块开始制作的。因为其是对称形，所以在制作过程中我们可以充分利用镜像复制，并打开位移工具的镜像选项，这样只需要对其一侧的模型进行编辑。在这个过程中，一定要特别注意机翼、尾翼与机身的位置和比例关系，包括机翼的长度、厚度、倾角等，这些都应该在顶点数量较少时就准确把握。

为了避免尾端的极点，引擎部分也要从方块开始制作。这个阶段不需要关注螺旋桨之类的细节，而要注重引擎整体的形状，以及其与飞机整体之间的比例关系。引擎前端内凹的部分通过简单的挤出操作就能得到。细节方面，要注意引擎跟机身腹部一样，下半部是稍显平坦的，其剖面并非正圆，如果不对参考图进行深入研究，这类细节特征是很容易被忽略的。

在明确了飞机整体的比例关系后，就可以考虑将各部分零件拼接到一起。这里主要用的是桥接，当机翼、尾翼都连接到机身上之后，需要对连接部分做一些适当的修正，着重处理过渡面的平整性。在此基础上，要借助平滑预览功能检查哪些部分形体需要添加细节，比如机翼和尾翼部分需要利用 Insert Edge Loop Tool 添加一定的边缘保持线，以便体现合理的硬度。在这个阶段，仍然需要不断地观察飞机整体比例关系，这一点始终是最重要的，特别是在没有用三视图进行对位的情况下。

引擎螺旋桨的制作非常简单，先制作一个叶片单体，注意其有一定的扭曲角度。做完单体后将其中心点移动到叶片的旋转轴上，再用旋转阵列复制就能得到整个螺旋桨。

最后，在机头部分选择合适的面进行挤出，创建挡风玻璃窗结构，将引擎零件成组并复制，整个飞机就完成了。整个过程当然还涉及很多命令操作的细节问题，但这些跟软件相关，并且也取决于用户对软件的熟悉程度。关键点在于要掌握从整体到局部的建模思路，始终将模型的整体比例关系、整体形状以及其给人的第一印象作为最核心的内容，在此基础上再去雕琢细节。建模过程中，先用最粗略的几何体去概括形体，然后逐步调整、刻画细节，这样的建模思路基本上适合所有模型。

（三）从局部到整体的建模思路

上面介绍了三维建模中最为常用的从整体到局部的建模思路，应该说对于任何模型，这种思路都是适用的。然而，在面对一些结构复杂的模型时，往往还需要灵活处理，换一种建模思路。

有时对于结构特别复杂的物体，建模时既要清晰表达细节，又要兼顾合理的布线，这会非常困难，因为往往在做出了大体形状之后，对于细节的深入很可能会无处入手。在这种情况下，不妨从细节开始做，然后再整合出整体模型，这就是从局部到整体的建模思路。这种思路在制作细节复杂的硬表面模型时特别有用，可以有效地控制形体和布线之间的关系。当然，硬表面建模同样要注重模型的整体性，通常会在建模初期用从整体到局部的思路去构建总体形状，进入建模中期后，有些复杂结构根据需要采用从局部到整体的建模思路，最后再整体调整。

接下来的可乐罐建模案例就会在一些细节部位用到从局部到整体的建模方法。

如图 4-2 所示，这个可乐罐模型是按照较高精度要求来构建的，对罐子顶部进行了比较完整、细致的建模，之所以要做到这个精度，主要是为了提高练习难度，方便初学者练习建模的细节。如果实际项目是游戏类的，那么罐子的顶部细节很可能会用法线贴图去表现，而不必建模处理。这样的模型精度可以用于影视类项目。

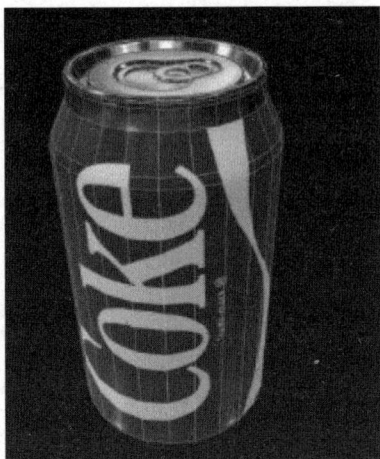

图4-2 可乐罐模型的细节结构布线

　　做高精度的模型，最好使用三视图进行精确对位。本案例中，可以首先将可乐罐的侧视图和顶视图导入 Maya 中。一般来说，可以在三维软件中利用摄像机平面导入三视图，也可以自己手动创建平面模型，将三视图作为贴图贴附到模型上。

　　可乐罐的主体建模是非常简单的，就是利用基本几何体圆柱，通过一系列的挤出、切割操作来生成，其中细节部分就是对于顶部和底部边缘转折的软硬度的把握，适当加入边缘保持线即可。罐子主体建模完成后就要开始刻画顶部的细节，这时可以先去除拉环。通过观察，可以发现可乐罐顶部有一个类似水滴形的冲压凹槽结构，这一结构是整个顶面的一部分，但又与整体的正圆轮廓不一致。这时可以考虑将顶面居中的一部分面从整体中分离出来单独编辑，通过拽点对位将这局部的面编辑成水滴形，然后把这部分面合并回整体模型中，接着再桥接将中间缝隙补全，最后挤出，就可以得到所需的冲压凹槽。

　　再仔细观察顶部细节，发现水滴形冲压凹槽内部还有两个大小不同的月牙形冲压凹槽，这时可以继续使用从局部到整体的思路，将水滴形冲压凹槽的最内侧面分离出来，分离的面可以用来做月牙形轮廓，分别做出大、小两个月牙形轮廓线结构。有了月牙形结构，再将它们中间部分桥接，就得到了一个复杂轮廓。这时，只要将这个复杂轮廓的分段数调整到与水滴形轮廓一致，就可以再次桥接，将镂空的部分补齐。两个月牙形中间的极点可以通过面的重新切分化解掉。继续挤出，做出冲压凹槽，至此可乐罐主体就完成了。

可乐罐的拉环部分可能会让初学者却步，但如果仔细分析一下，难度也并不大。整个拉环模型可以划分成两大区块，而这两个区块都是可以用简单的圆形概括的。至于看起来复杂的外轮廓，将两个圆形区块桥接后，将其轮廓边整体挤出，再用拽点的方式就可以做出来。

通过这个相对较为复杂的建模案例可以看到，在处理复杂细节时，将局部从整体中分离出来单独建模，然后再整合进整体模型，往往能够将复杂的问题简单化，并且方便控制模型的合理布线。在此种建模方法中，会频繁用到分离与合并、挤出与桥接等基本建模操作。

三、三维建模技术在数字化博物馆中的应用

（一）文物三维数字化数据采集

三维建模技术为文物三维数字化数据采集提供了可靠的技术基础。相关技术人员通过对文物进行三维扫描，可以采集文物表面的三维数据信息，然后利用专业三维软件进行模型优化，再进行模型的纹理映射。这种方法能完整地保存文物的三维模型信息，对破损文物的修复工作具有重要意义。

（二）虚拟展馆与场景创建

利用三维建模技术，可以构建数字化博物馆的虚拟展馆和场景。这些虚拟展馆和场景可以高度还原真实博物馆的空间布局和文物展示效果，使观众能够在网络环境下获得与实地参观相似的体验。

（三）文物研究与保护

三维建模技术还可以为文物研究和保护提供技术支持。研究人员可利用该技术对文物进行高精度的三维扫描，获取文物的详细尺寸、形状和纹理等信息，从而为文物鉴定、修复和复制提供准确的依据，避免了因直接接触实体文物给其带来的损害。

第二节　三维动画制作技术

三维动画是一种用计算机模拟空间造型和运动的动画形式，是计算机技术的产物。三维动画的本质是通过计算机的运算和处理，建立三维物体模型，并使该物体在三维空间运动。三维动画已经发展了很多年，从最初的三维物体造型，发展到目前的虚拟现实技术，在三维模型的建立手段、计算方法，以及三维展示效果等方面，具备了很高的技术水平。用三维动画表现内容主题，具有概念清晰、直观性强、视觉效果真实等优势，特别适用于学校教学、科研、产品介绍、广告设计，以及军事领域。三维动画也是比较常见的媒体形式。目前，该媒体形式被广泛应用于数字化博物馆藏品展示。

一、传播渠道的确定与综合媒介技术的应用

（一）传播渠道的确定

三维动画的制作方式与其传播渠道有着密切的关系。从三维动画的发展与数字化博物馆的行业应用中，可以总结出三维动画的传播渠道有以下几个：

1.电子媒介的传播渠道

电子媒介是指运用电子技术、电子技术设备及其产品进行信息传播的媒介，包括广播、电视、电影、录音、录像和光碟等。大多数电子媒介属于大众传播媒介，其中广播、电视是最主要的电子媒介。

从人类社会信息系统的发展角度来看，电子媒介具有里程碑式的意义。随着摄影、录音和录像技术的进步，人们不但能够对声音和影像信息进行大量复制和传播，还能够进行长期保存。而在此之前，人类主要以口头、信号和文字进行信息传播，受时空限制较大。

2.互联网媒体的传播渠道

互联网媒体又称网络媒体，就是借助国际互联网，以计算机以及移动电话等为终端，以文字、声音、图像等形式来传播新闻信息的一种数字化传播媒体。相对于报纸、广播、电视等媒体，互联网媒体是"第四媒体"。

（1）互联网媒体的特征

互联网媒体具有以下特征：

第一，数字化。互联网媒体是真正的数字化媒体，数字化是互联网媒体存在的前提。在互联网上，无论是文字、图像还是声音，归根到底都是通过 0 和 1 这两个数字信号的不同组合来表达的。这使得信息第一次不仅在内容上，而且在形式上获得了同一性。

第二，全球性。就范围而言，与传统媒体相比，网络传播的范围更广，具有全球性。互联网媒体是一种名副其实的全球化传播媒体，其全球化特征主要体现在信息传播的全球化和信息接收的全球化。互联网媒体打破了传统媒体传播范围的束缚，其受众遍及全世界。

第三，多样性与无限性。多样性与无限性是指互联网媒体在信息传输量上具有无限性，在信息形态上具有多样性。无论是报纸、广播还是电视，在单位时间和空间中所传播的信息都是有限的，而互联网媒体储存和发布的信息容量巨大，有人将其信息容量形象地比喻为"海量"。

第四，可存储、易复制。信息化社会的基本要素是信息。信息没有重量，易于复制，可以以极快的速度传播。在它传播时，时空障碍完全消失。信息可以由无限多的人使用，使用的人越多其价值越高。

第五，易检索。互联网媒体通过超文本链接的方式，将无限丰富的信息加以储存和发布，用户可以很方便地输入关键词进行资料检索。

（2）互联网媒体的特性

互联网媒体具有以下特性：

第一，迅捷性。互联网媒体传播速度快，信息来源广，制作发布信息简便。因此，互联网媒体可以随时发布新闻。尤其是在报道突发性事件和持续发展的新闻事件时，互联网媒体的信息刷新更换功能比其他传播媒体的"滚动播出"更方便。网络信息传播速度很快，具有很强的时效性。

第二，多媒体化。互联网媒体整合了报纸、广播、电视三大媒介的优势，实现了文字、图片、声音、图像等传播符号和手段的有机结合。

第三，交互性。交互性是指互联网媒体带来了传受双方的双向互动传播。

（3）互联网媒介的传受关系特性

互联网媒介的传受关系具有以下特性：

第一，多元性。互联网媒体的多元性特征，首先表现在传播主体上。在互联网媒体世界，从网络属性上讲，政府、企事业单位网站乃至个人网站都有能力发布新闻，成为传播新闻的主体。其次，互联网媒体的全球化特征决定了其传播文化的多元性。它通过超链接、超文本手段，运用数字技术，将全球文化用网络的方式联结在一起。再次，互联网媒体的传播方式也具有多元性的特点。传统传播媒体一般是以点对面的方式传播信息的，而互联网媒体除了点对多（即网站向网民、某一网民向不特定的其他网民发布信息）这一信息传播方式，还有点对点（即网民通过网络向其他网民发电子邮件）的方式，众多网民向某一个网站发送信息、反馈意见的多对点方式，以及网上聊天室、电子公告牌等多对多的传播方式。

第二，自由性。受众可以在自己方便的时间与地点上网，接收信息，消化信息。

第三，个性化。从这个意义上看，网络媒体的传播是真正个性化的传播，其内容的设计大多是出于受众个体需要的考虑。因此，有人说互联网媒体信息传播最温馨，最具有人情味。

3.展览媒介传播渠道

展览媒介是指展示三维动画的媒介物，这种媒介物在展览上被称为展示场所、展览馆或展览中心。展览的三维动画经过策划后，如果不通过一定的方式集中向消费者展示，制作三维动画作品的意义也就不存在了。三维动画作品的生命在展现和传播、展览媒体与展览组织者（主办单位）、市场和观众（消费者）发生密切联系时才能得到体现。在展览系统中，展览场所的主要功能就是通过提供媒介及形象展示传播信息。

综上所述，电子媒介传播渠道、互联网媒介传播渠道、展览媒介传播渠道为三维动画提供了多种展示与传播渠道，新型传播渠道的发展与普及是必然趋势。

基于以上传播渠道发展的趋势与特点，新型传播渠道突破了传统传播渠道在技术、时空、距离、规模、互动与用户体验上的限制，将新型传播渠道应用于三维动画的传播与推广是必然趋势。所以，数码动画创作人员在开始制作作品前先要确定传播渠道，因为每一种传播渠道都有它自己的特征与要求。例如，动画要在展示媒介上传播的话，就要考虑有可能要和其他综合媒介技术（如增强现实展示、虚拟现实展示等）相结合。

（二）综合媒介技术的应用

综合媒介包括动态模型、互动投影系统、幻影成像系统、多点触摸系统、大屏幕投影系统、多媒体故事墙、智能艺术互动展板等。以上综合媒介为三维动画提供了多种展示与传播模式。

三维动画结合综合媒介的运用是三维动画制作向深层次发展的客观要求。尽管传统媒介技术已经发展成熟，大量传统媒介和传统的传播模式被开发使用并取得较好的效果，但人们在开发与使用过程中发现，这些传统媒介技术始终存在这样的问题：不能突破时空、距离、规模上的限制，更不能较好地实现与用户或观众的互动。

在数字化博物馆的建设过程中，传统媒介技术不能实现与用户或观众的互动，因而需要未来的三维动画制作能够做到四点：第一，实现友好和自然的人机对话，能够通过人类的自然语言来与动画作品对话，与用户或观众实现互动，更深入地了解综合媒介技术，学习综合媒介技术，熟悉使用相关硬件设备，并表达自己的动画创意和要求；第二，能检测和判断综合媒介技术使用时发生错误的原因，并给予适当的指导和纠正；第三，能对未预期的可能出现的技术错误给出合理的应对方案，包括预测用户与观众的反应等；第四，不断积累综合媒介技术应用的经验，并能针对具体情况及时调整应用方案等。

综合媒介技术就是将人工智能技术与超媒体的信息组织、管理方式结合在一起而形成的智能信息处理技术。在综合媒介技术应用中，互动技术模块可以利用超媒体提供的友好界面来激发用户或观众的兴趣，同时还可以利用互动技术向用户或观众提供三维动画的展示，并与用户或观众进行互动。当前，综合媒介技术的研究和开发已成为传播媒介应用领域中的一个重要的前沿课题，同时也是人们创作与传播三维动画的一个前沿课题。

1.综合媒介展示常用的技术

（1）幻影成像

幻影成像系统主要由光学成像系统、多媒体播放系统、同步通信系统、音响系统等组成，其实现的关键技术有光学成像技术、视频多媒体制作技术等。

（2）360°环幕

360°环幕系统主要由360°环幕放映系统、多组投影同步控制系统、无缝拼接技术与曲面处理系统、播放系统与集成控制系统组成。

（3）3D 投影

3D 投影系统是由单台或多台投影机组成的，集成了硬件平台以及专业显示设备的综合可视化系统。整个系统包括展示对象、投影机、高级仿真图形计算集群，以及相关辅助配件等，能够产生具有高度真实感、立体感的三维场景，配上音乐与声音特效，给人震撼的效果。

2.综合媒介技术的应用要领

①了解综合媒介技术综合实例开发的基本步骤。

②了解综合媒介技术开发工具，搜集制作综合实例的前期素材。

③集成开发的素材，利用多媒体开发平台进行集成。

④通过对综合实例的开发，全面、系统地掌握多媒体技术综合实例的应用。

3.综合媒介技术应用的领域

（1）科学计算和工业设计

利用计算机动画技术，可将科学计算过程以及计算结果转换为几何图形或图像信息并在屏幕上显示出来，以便于观察分析和交互处理。计算机动画已成为发现和理解科学计算过程中各种现象的有力工具，一些复杂的工程，比如航天航空、大型水利工程等，资金投入较大，一旦出现设计失误，所产生的损失常常是难以弥补的。因此，可利用计算机动画技术进行模拟分析，从而达到设计可靠的目的。

计算机动画在工业设计方面也越来越受到人们的欢迎。原来的计算机设计主要是为了减轻人们的脑力劳动，如绘图和计算等，而采用计算机动画的设计方法为设计人员提供了一个崭新的电子虚拟环境，借此可以使人们将产品的风格、可制造性、功能仿真、力学分析、性能实验，以及最终产品在屏幕上显示出来，并可从不同的视角观察它；同时还可以通过改变光照条件，调整反射、折射角度等，进行各种角度的观察。

（2）模拟、教育和娱乐

第一个使用计算机动画用于模拟的商品是飞行模拟器。这种飞行模拟器在室内就能训练飞行员，模拟起飞、飞行和着陆过程。飞行员在模拟器里操纵各种手柄，观察各种仪器，透过模拟的飞机舷窗就能看到机场跑道、地平线以及其他在真正飞行时看到的景物。计算机动画在数字化博物馆的教育价值实现方面有着广阔的应用前景。有些基本概念、原理和方法需要给学生以感性上的认识，在实际教学中有可能无法用实物来演示。这时借助计算机动画把各种表面现象和实际内容进行直观演示和形象教学，大到宇宙形成，小到基因结构，无论是化学反应还是物理定律，计算机动画都可以将其形象地表示出来。另外，计算机动画在网络游戏等方面也有着广阔的应用前景。基于 PC 机的三维游戏正在不断增加，其制作也离不开计算机动画技术。

（3）新媒体艺术展

新媒体艺术不同于现成品艺术、装置艺术、身体艺术、大地艺术。新媒体艺术是一种以光学媒介和电子媒介为基本语言的新艺术学科门类，新媒体艺术建立在数字技术的基础上，会让人们觉得有些抽象，感觉新媒体艺术离自己还有些距离。换言之，新媒体艺术就是数码艺术，其表现手段主要为计算机图形图像。其实新媒体艺术的范畴具有与时俱进的确定性，眼下它主要是指那些利用录像、计算机、网络、数字技术等最新科技成果作为创作媒介的艺术品。新媒体艺术已经在不经意中深入到了现代艺术的各个领域。

在数字化博物馆中，新媒体艺术的表现形式很多，但它们的共通点只有一个，那就是使用者通过与作品之间的直接互动，改变了作品的影像、造型甚至意义。他们以不同的方式——触摸、空间移动等来促进作品的转化。综合媒介技术的连接性能够使人们跨越时空的藩篱，使全球各地的人联系在一起。在这些网络空间中，使用者可以随时扮演各种不同的角色，搜索远方的数据库、信息档案，了解异国文化，产生新的社群。

未来，在数字化博物馆的建设中，新媒体艺术将逐渐融入媒体技术当中；新媒体艺术家将成为媒体技术专家，或者被媒体技术专家取代；新媒体艺术将更加商业化；新媒体艺术将随媒体技术的存在而存在，随媒体技术的发展而发展。

新技术还将迅猛地发展下去，对艺术与设计的影响也会越来越深入，艺术与科学共同作用于人们的生活，或者说艺术与科学的界限将会越来越模糊，这可能是一种无法回避的现实。但是，人们也不能就此把艺术与科学等同起来，认为新技术将使艺术变成科学，或者使科学成为艺术。技术追求统一性、标准化、定型化，因为只有这样才能满足工业化大批量生产的要求；艺术追求个性化、独创性、求异性，因为只有这样才能够满足人类的审美情趣。人们可以把一种新技术当作创造艺术的手段，却不能把一种新艺术当作技术发明或批量生产某个物品的方法。

综上所述，综合媒介技术的发展与普及是必然趋势，其为三维动画提供了更丰富的展示手段。

二、三维动画制作项目的工作流程

（一）三维动画制作项目计划的制定

未来三维动画与传统三维动画的制作在流程与方法上没有太大的分别，但是由于综合媒介技术的传播与推广，在对特定项目的三维动画进行创作前必须考虑传播渠道与综合媒介技术应用的问题。必须考虑的问题主要有以下四点：

①了解动画制作项目作品传播渠道的特点与传播环境。

②了解动画制作项目展示需要用到哪些综合媒介技术。

③熟悉综合媒介技术的开发方法。

④确定动画制作项目与综合媒介技术融合方案。

在开始制作动画前，以上问题是必须考虑的，其目的是用科学的方法和工程设计规范来指导三维动画的制作，以达到用最少的制作时间、较低的制作成本获得高质量的动画产品。在动画制作项目运行过程中，项目周期指的是整个项目的动画制作、综合媒介技术创作和最终交付客户使用的过程，当然这也包括动画的使用与维护。这个过程包括需求分析阶段、设计阶段、制作阶段、测试阶段、展示设备安装和验收阶段。

为了获得高质量的动画产品，应明确规定制作过程中各阶段的任务以及制作方法，加强制作技术的审查，确保各个阶段的制作进程与制作质量，并建立整套规范的文档，记录制作过程中各环节的设计、管理及维护修改过程，以利于动画的设计、优化与升级。

作为一个三维动画制作人员，无论是动画制作项目管理者，还是动画制作项目任何岗位的人员，在项目开始前都要制定有关的项目工作计划、规范组织方式、规划项目时间与周期并统筹制作资金，不能只专注于动画技术。学会管理和规划动画制作项目是非常重要的事情，管理水平的好坏直接影响项目的成败，要做一个会管理的数字艺术家。

动画制作项目工作计划一般包括三方面的内容：人员编制计划、工作进度计划和项目资金预算计划。

1.人员编制计划

动画制作项目无论是采取个人还是团队的方式，都必须提前对动画制作项目的规格、创作主题等进行评估，经过理性思考与衡量之后，确定合适的人员组织方式。在项目开始前，先确定好人员编制，人员编制是完成动画制作项目所需要的全部参与创作、制作人员的详细列表。在人员编制中一般要注明每项工作所需要的人数、项目每部分的负责人、相应的工作计划和工作时间表。

在动画制作项目创作过程中，各项工序衔接起来就像是一条完整的生产流水线。为了防止这条流水线出现问题，在制定人员编制的时候，应该充分考虑在每一道工序都设立相应的项目负责人。

2.工作进度计划

在动画制作项目中，对创作作品的长度、制作技术、表现手法、制作所需的工序、人员编制、各方面条件的限制性、可能出现的风险等各方面情况进行衡量，动画制作项目创作人员或创作负责人要根据项目具体情况制定相应的工作进度表。

工作进度表要反映出完成该项目所需要的全部时间，一般以日、周、月为单位进行设置，项目进行的每个阶段要设定工序细分的进度以及每个工序所需要的时间周期。另外，要特别限定最终完成的截止时间，最好是要求团队提前3～5天完成项目。这样，即使作品有一些小错误或者需要进行小的修改，都有足够的时间去应对。

在编制工作计划进度表的过程中，由于每个工作计划实施的情况不尽相同，工作计划进度表并无特别的定式，在整体工作进度不变的情况下可以灵活调整单个工作计划，以满足高效率工作的要求。

项目管理人员设定总时长之前，要联合全体主要创作人员对未来的制作时长进行有效的评估，例如镜头、特效、音效、技术难点等。通过这样的评估才能相对准确地得出项目的工作总时长。然后就要设定好初步的时间进度计划表，分配好项目前期、中期、后期的相应工作时间，尽量与相关关键工作工序人员和具备相关工作经验者商讨，根据项目的实际情况再一次调整进度，尽量合理确定时间进度，以便更好地完成项目。

3.项目资金预算计划

动画制作项目的资金预算要以前期的人员编制与工作时间进度表为依据，对完成项目所需的人员编制、硬件、软件、材料等进行计算，编制支出明细表。项目管理者得出初步的预算后，再根据项目进度对支出成本进行调整，合理安排，尽量降低创作成本。

（二）三维动画制作的阶段

一般来说，在进行动画制作之前，要进行"制前作业"。制前作业是指要做好制作前的准备工作。

本部分是针对数字化博物馆的三维动画制作而言的。数字化博物馆的三维动画与影视广告动画类似，属于制作周期短、片长短的商业三维动画。

1.前期的准备阶段

从客户确定创意一直到动画开始制作，都属于这一阶段。在这个阶段，具体制作方案将逐渐成形，具体的制作准备工作将逐步完成。

第一，分析客户需求，就制作内容的整体方向、传播渠道、综合媒介技术应用等与客户进行深入的交流，提出建议并确定最终方案，并以此作为之后制作、验收的依据。

第二，制作方就内容要求的动画长度、规格、综合媒介技术应用、展示的相关硬件设备、交付日期、任务等与客户达成一致，必要时用书面材料说明，帮助客户理解制作内容的背景、目标、特质及表现风格等。同时，在限定的时间内根据以上确定信息呈递报价和制作日程表。

第三，在对项目进行深入了解后，策划人员提出创意，策划展示形式，设计动画脚本，并在规定时间内提交给客户。

第四，在客户确认方案后，制作方经过再一次的审查，就第一次策划方案中未确定的相关问题提交新的准备方案，供客户确认并签订合同。为了不影响整个制作计划的顺利进行，就未能确认的所有方面，客户和制作方必须协商出可以执行的方案，并以此作为之后审核与验收的依据。

第五，在进入正式制作之前，专业制作人员会对最终制作准备会上确定的各个细节进行最后的确认和检查，以确保项目内容制作完全按照计划顺利进行。

2.内容的制作阶段

应根据不同的制作难度，合理安排制作时间，细分每个时间节点。

第一，制作工作将在计划好的时间内由该项目的负责团队按照策划脚本进行，并由相关的审查人员对制作质量进行层层把关。

第二，在成品成形前，向客户提供制作预览，双方对预览效果进行讨论，及时解决存在的问题。

第三，在客户认可了预览效果以后，进入精修阶段，在客户提出的意见基础上不断完善特技等。

第四，对制作内容精细化处理，对结合综合媒介技术的应用效果进行技术优化，以求达到最完美的效果。

3.展览设备安装与后期维护

第一，将经过客户认可的项目，以合同约定的形式制作成目标文件，并为客户进行展览设备的安装与调试，最后将设备交到客户手中。

第二，在合同签订日期内，应客户要求进行设备调整，并定期对其进行维护。

三、三维动画制作的要点

（一）叙事方式

先从动画的叙事方式上来讲，未来三维动画将摆脱传统动画线性叙事的方式和故事脚本的禁锢，仅仅提供一个平台。这个平台是互动者双方或多方共同进行表演的舞台，其结局具有无限的可能性。传统动画的叙事方式是线性的，即动画的发展是根据动画剧本创作者的思路一步一步进行的。

动画创作者总是希望动画的画面尽可能漂亮、真实、自然，能够使观众在观看动画时完全融入动画故事中。但作为观众，其在观看动画时仅有视觉感官的参与，始终只能作为一个旁观者，被动地接受动画中故事的发展和人物命运的安排。而未来三维动画将改变传统动画的线性叙事方式，使动画可以以非线性的叙事方式出现，故事的发展过程可以是树状的、网状的；交互动画的交互性还丰富了作品的外观风貌，增强了动画作品的不确定性，使故事的发展过程和结果具有无限的可能性。

（二）参与程度

三维动画所具有的交互性，使它不同于被动观看式的传统动画，突出了主动参与性。观众可以选择对象，或者利用体感设备进行隔空控制等高级互动，还可以执行许多其他交互操作。三维动画有较好的开放性和延展性，它可以让观众的动作成为动画的一部分，观众通过鼠标点击、选择或体感设备捕捉等动作决定动画的运行过程和结果，这一点是传统动画无法比拟的。

三维动画给观众提供了更多表达和参与的机会。在传统动画中，观众只能观看而不能改变动画所讲的故事，而在三维动画中观众不仅可以根据自己的兴趣改编故事，还可以改变动画作品的播放速度，可以指定或者忽略某些信息。

三维动画给予了观众一种自主表达与表现的机会。参与者与未来三维动画交互的过程，就是参与者获得更为愉悦的心理体验和视觉享受的过程。在这里，愉悦包括情绪释放的快乐和信息获得的快感。可以说，在没有参与者的情况下，三维动画作品是不完整的，参与者的参与过程是三维动画不可缺失的环节。不同的人参与进来，会产生不同的效果。

（三）传播应用媒介

在传播应用媒介方面，传统动画一般只能作为纯艺术作品供观众欣赏，它一般可以通过影院、电视来传播。当然，由于互联网技术的发展，互联网也可以作为传统动画的传播媒介。另外，由于手机技术的发展，在手机上面播放的动画也开始出现。而三维动画由于它的交互特性，目前它的传播媒介主要为可以进行交互行为的电子传播媒介，包括互联网和互动电视。这些支持互动行为的传播媒介，会随着手机技术的发展，使在手机上面播放交互动画成为可能。另外，三维动画实现了设计者和受众之间的双向互动传播。在这一过程中，观众变为主动参与者，传统动画的"传—受单向线"的关系被打破，改变了以往只有媒介组织才能制造大众舆论的传统局面。

（四）应用目的

从应用目的来看，随着计算机技术的不断发展，人们不但能用计算机动画技术来模拟动画世界，通过计算机合成画面技术使真人和动画场景同时在屏幕上出现，还可以通过运动捕捉技术使真人在幕后自由控制出现在屏幕中的形象的所有动作和表情；观众可以扮演其中某一个角色并直接参与到动画的故事和场景中去，同时还可以控制这个角色的动作、表情等，在一定程度上还可以自由安排角色的命运。

人们的这种想直接参与到动画片的故事和场景中去的愿望，就是三维动画设计制作和应用的目的，即满足观众想要参与到动画中去的要求，开辟观众参与动画的途径，使其能够进一步地了解和体会动画的主题，体会创作者的创作意图，从而增加动画的娱乐性和趣味性。

（五）设计制作

从某种程度上讲，传统动画的创作者和观众在思想方面是分离的，因为在创作过程中，创作者和观众处于完全隔离的状态，即使观众可以通过作品与创作者产生共鸣，也不能逾越创作和欣赏的鸿沟而直接交流，融为一体。三维动画的诞生可能会改变这种几乎一成不变的状况。

在创作上，三维动画更注重迎合观众的品位，可以说，创作者要从观众的欣赏角度出发构思作品，利用互动及其带来的独特语言方式，在作品和观众之间架起沟通的桥梁，从而创造一种新型的语言表达方式。

另外，创作者在最大限度地迎合观众的欣赏品位的同时，也要张扬个性。创作者可以发挥自己独特的、别出心裁的想象力和创造力。三维动画更具包容性、复杂性。从表面上看，它与传统动画的不同只在于观众选择的不同，而实际上，它对创作者的思维提出了严峻的挑战。创作者不仅要注意突出其交互的特性，同时还要时时揣摩不同观众的不同文化心理、不同参与要求、不同欣赏趣味以及可能作出的不同选择，尽可能做到面面俱到，从而创作出让观众满意的作品。

（六）动画审美

三维动画产生的视觉效果，比传统动画更加生动与真实。它的艺术形式比传统动画更加多样化，这必然会不断地使人们的审美趣味发生变化。

人的审美活动是一个较为复杂的过程，一切艺术形式均要通过人的感官接受并作用于生理和心理。未来三维动画作为一类新型动画形式，既具有传统动画的特点，又具有互动的特质，是一种有形与无形相结合的新型动画。从艺术形式上说，它具有明显的现代设计风格，具有很强的艺术特色，有较强的视觉冲击力。

四、三维动画制作技术在数字化博物馆中的应用

三维动画制作技术在数字化博物馆中扮演着举足轻重的角色，极大地丰富了数字化博物馆的展示方式和观众的互动体验。以下是其在数字化博物馆中的具体应用：

（一）文物展示

三维动画制作技术能够高精度地还原文物的原貌，并通过添加光影等效果，使文物在虚拟空间中呈现出更加真实、立体的效果。观众可以从各个角度观察文物，甚至可以放大细节仔细观察文物，获得比传统展示方式更加丰富的视觉体验。

（二）场景模拟

相关技术人员利用三维动画制作技术，可以模拟出博物馆的真实场景，包括展馆布局、灯光效果、人流动态等。该技术不仅可以帮助观众提前了解博物馆的参观环境和整体布局，还可以为数字化博物馆的规划和管理提供有力的支持。

（三）虚拟导览

结合三维动画和虚拟现实技术，相关技术人员可以创建虚拟导览系统。观众只要佩戴 VR 设备或使用智能手机，就可以在虚拟空间中自由行走、观看展品，并获得详细的展品解说信息。这种虚拟导览方式不仅打破了时间和空间的限制，还为观众提供了更加个性化和沉浸式的参观体验。

（四）互动体验

三维动画制作技术还可以为观众提供更加丰富的互动体验。例如，相关技术人员可以设计出与文物相关的知识问答等互动小游戏，让观众在参观的过程中深入了解文物的历史背景和文化内涵。这种互动体验不仅提高了观众的参与度，还提升了数字化博物馆的吸引力。

（五）宣传推广

三维动画制作技术还可以用于数字化博物馆的宣传推广工作。相关技术人员通过制作精美的三维动画宣传片或广告，可以吸引更多人对数字化博物馆的关注，进而提升数字化博物馆的知名度和影响力。同时，这种宣传方式也更加直观、生动和易于传播，有助于扩大数字化博物馆的受众群体。

总的来说，三维动画制作技术为观众带来了更加丰富的参观体验，同时也为数字化博物馆的文物展示、宣传等方面提供了有力的支持。随着技术的不断发展和创新，相信三维动画制作技术在数字化博物馆中的应用会越来越广泛和深入。

第三节　三维成像技术

三维成像技术与三维建模技术、三维动画制作技术的侧重点不同。三维建模技术是根据设计的要求和目的，建立数字三维模型，注重数字模型的构建。三维动画制作技术是利用模型技术、动作设计技术、灯光技术以及渲染技术等，将静态的三维模型赋予生命，使其能够在计算机中呈现出动态的效果，注重创建动态的虚拟世界，为观众带来视觉享受。三维成像技术是通过各种技术手段从生成的目标物体中收集不同的信息，并运用专门软件在数字环境中恢复物理物体，注重物体真实形态的数字化表达。

一、三维成像技术的原理及种类

通过一些技术记录客观世界的三维图像，然后将这些图像进行压缩、传输和显示处理，最后在人脑中再现的过程就是三维成像的过程。全息投影、裸眼3D、虚拟现实等技术是三维成像技术的主要类型。由于它们的成像原理不同，所以成像设备和观看效果也不同，这也导致它们的应用方向不同。

全息投影利用光的干涉和衍射原理来记录和再现物体的三维图像。与裸眼3D技术相比，全息投影并不是在二维屏幕上投射物体信息，从而让观众获得立体感，而是直接将三维图像投影到真实空间中，观众可以从任何角度获得图像的外观信息。

裸眼 3D 技术利用视差原理，即人们的左眼和右眼观察同一个目标所产生的方向差异，来实现三维展示。可以说，这是一种虚拟三维技术，它使人们的眼睛能够通过各种方法感知三维图像。与全息投影技术不同，其图像显示形式本质上是二维的，对观众的视角和观看距离有一定的要求。

虚拟现实技术的本质是计算机仿真技术。与前两种技术不同，虚拟现实技术不是通过投影设备向观众呈现三维图片，而是通过 VR 虚拟现实头盔在局部空间创设不同的深度感知情景，从而使用户获得"身临其境"的体验。它最大的特点是用户可以参与到虚拟环境中，并具有良好的互动性。

二、三维成像技术的优势分析

（一）增强交互自主性

传统博物馆展厅只能实现信息的单向传输，而且无法有效与观众互动交流。具备交互设备的展厅可以运用三维成像技术打造人机互动、人物互动的项目，实现文物、遗址和观众之间的交流互动。这样不仅可以提高文物展示的趣味性，激发观众自主获取知识的欲望，而且能提高展示的效率，使展示的内容更具科技感和灵活性。

（二）具备超时空性

传统博物馆展厅所展示的文物古老、呆板，且只反映特定历史时期的文化，观众只能通过有限的文字和语音讲解了解文物。运用三维成像技术，能够将过去、现在、未来或真实与幻想世界中存在或想象的事物进行完美呈现，给观众相对真实的感受，让观众从现在出发，回望历史、展望未来。

（三）增强宣传效果

三维成像技术可以为博物馆提供更加生动、直观的宣传材料。通过制作三维模型、动画等宣传材料，可以让观众更加深入地了解展品的历史背景、文化内涵等，提高宣传效果。同时，这些宣传材料还可以通过互联网、社交媒体等渠道进行广泛传播，进一步扩大博物馆的知名度和影响力。

三、三维成像技术在数字化博物馆中的应用

（一）全息投影技术在数字化博物馆中的应用

利用三维成像技术中的全息投影技术，能够高度还原文物的原始样貌，将文物以三维立体的形式呈现在观众面前。观众可以看到立体的影像，无需佩戴任何辅助设备即可获得沉浸式的观赏体验。这种展示方式不仅让观众更直观地了解文物的外观和细节，还增强了展览的趣味性和互动性。

（二）裸眼 3D 技术在数字化博物馆中的应用

与全息投影技术类似，裸眼 3D 技术也能够使文物以三维立体的形式呈现在观众面前，而且裸眼 3D 技术具有色彩艳丽、层次分明等特点，可以让观众获得更为真实、生动的观赏体验。

裸眼 3D 技术还可以帮助数字化博物馆进行教育推广。通过裸眼 3D 技术，相关工作人员可以将一些复杂的历史事件以更为直观生动的方式展示给观众，降低观众的学习成本，提升观众的参观体验。

（三）虚拟现实技术在数字化博物馆中的应用

三维成像技术中的虚拟现实技术则为观众提供了一种全新的、身临其境的

参观体验，同时也为数字化博物馆在文物保护、展示和教育方面提供了强大的技术支持。通过虚拟现实技术，相关技术人员可以创建与真实环境高度相似的虚拟展览空间。这些空间可以是对现有展览资源的数字化复制，也可以是全新的、根据特定主题或历史时期构建的虚拟环境。观众使用 VR 头盔、眼镜或其他设备，就可以"进入"这些虚拟空间。这种沉浸式的体验可以让观众感觉仿佛置身于博物馆之中，能够与文物近距离接触。

虚拟现实技术还能够帮助相关技术人员对珍贵的、易损的文物进行数字化修复。通过高精度的三维扫描，可以获取文物的详细数据，并在虚拟环境中进行无风险的修复尝试。修复后的文物模型可以用于虚拟展览，也可以在研究、教育或出版等领域发挥重要作用。

此外，虚拟现实技术为数字化博物馆教育提供了无限的可能性。数字化博物馆可以利用虚拟现实技术设计各种互动场景，让观众在参与的过程中深入了解文物背后的历史、文化和科学信息。例如，观众可以通过 VR 设备"穿越"到不同的历史时期，亲自体验古代生活、战争或文化活动。这种互动式的学习方式不仅增强了观众的参与感，还提高了教育的效果和质量。

第五章　数字化博物馆常用的资源保护技术

第一节　数字水印技术

近几年来，数字水印成为信息认证领域的研究热点。数字水印是用信号处理的方法将代表版权信息的标识信号隐藏于数字作品中，只有使用专用的工具才能提取标识信号，以此达到保护知识产权的目的。

由于多媒体信息很容易被未授权的用户复制，采用传统密码方法并不能完全解决这些问题。20世纪90年代中期有学者提出了数字水印技术，被嵌入的水印可以是文字、标识，也可以是序列号等。水印通常是不可见的，与原始数据紧密结合并隐藏在其中，成为原数据不可分离的一部分。数字水印技术最初的目的是保护图像和视频，而现在正被广泛地应用到其他数字媒体中。

一、数字水印技术的特性

数字水印的性能要求总是建立在应用目的基础之上的，并且受到技术条件的限制。不同的应用目的要求水印具有不同的特性。一般来说，数字水印具有以下特性：

（一）不可感知性

不可感知性也称为透明性,指人的感知器官无法具体感知对象是否嵌入水印。

（二）不可检测性

是指对象在嵌入水印前后具有一致的统计特性,比如统计噪声分布等,以便使非法攻击者无法通过统计分析判断要攻击的对象是否含有水印。

（三）可恢复性

是指对象嵌入水印后,在受到一定程度的恶意攻击时,可以利用检测算法（有时需要借助一定的辅助信息,如原始对象、密钥等）得到嵌入的水印信息。

另外,根据应用的不同,水印需要具有鲁棒性。鲁棒性也称作强壮性,是指隐藏对象经过某些攻击和操作后,再作为检测对象进行检测,检测算法仍然能够成功地检测到水印。

嵌入水印信息的多少称作容量。容量不但与载体对象的类型有关,还与鲁棒性和透明性有关。在实际应用中,水印算法的复杂性也要满足具体应用的需要。

二、数字水印技术的分类

根据载体对象的不同,数字水印可以分为图像水印、音频水印、视频水印、文本水印及三维模型数字水印等。

根据水印信息的不同,数字水印可以分为可读水印和可检水印。如果嵌入的水印信息是图像、字符等可以直接识别的内容,且检测出来的水印信息也是以同样的形式给出的,则称为可读水印;如果嵌入的水印信息是一个随机序列,或者信息检测的结果仅能表明检测对象是否含有水印，则称为可检水印。

根据检测算法的不同，数字水印可以分为盲水印和非盲水印。对于盲水印，检测时，除了检测对象，仅需要密钥（如果有），而且密钥与载体对象无关，只是起到加密的作用。而对于非盲水印，在检测水印时，则需要检测对象和密钥外的其他辅助信息，如原始对象和嵌入位置信息等。

根据水印算法的工作域的不同，数字水印可以分为空域水印和变换域水印。随着人们对水印技术的研究不断深入，新的水印算法不断出现，有时很难简单地把某一种水印算法归为空域水印或者变换域水印。

根据鲁棒性不同，数字水印可以分为鲁棒水印和脆弱水印。对于鲁棒水印，即使隐藏对象遭到了攻击，在载体对象没有受到严重损坏的情况下，仍然能够成功地进行检测。而对于脆弱水印，强调的是对隐藏对象改动的敏感性，常用来判断载体对象的完整性。

此外，根据嵌入密钥和检测密钥是否相同，数字水印可分为对称水印和非对称水印；根据嵌入水印时是否考虑载体对象的具体特征，数字水印可分为盲嵌入水印和非盲嵌入水印。

三、数字水印技术的应用

数字水印作为一种技术，因版权保护而引起重视。虽然版权保护始终是数字水印技术发展的动力，但除此之外，数字水印技术在很多领域也可以得到应用。

（一）版权保护的手段

随着信息技术的发展，数字作品的存储发布技术也越来越多样化，同时也增加了数字作品在未被授权的情况下被篡改和传播的危险。因此，人们需要一种鲁棒性好的版权保护方法,数字水印技术便是其中之一。采用数字水印技术,作品的原创作者可以将一个能证明其版权的水印信息嵌入作品中,这样既能保证作品正常使用,又可以在作品被非法使用或者出现版权纠纷时,利用从作品检测出来的带有标识性的水印信息来维护自己的合法权益。而要达到这样的目的,此类水印需要具备良好的鲁棒性、透明性,并且需要具备不可逆性、不可伪造性及无歧义性,在重复嵌入水印之后,仍然能够正确地判断所有权。

数字水印作为版权保护的一种手段,会受到各种形式的攻击,攻击者希望通过各种方法来破坏数字作品中隐藏的水印信息,从而堂而皇之地进行非法传播、篡改,以牟取利益。所以,人们有必要对水印攻击进行综合研究,从而深入了解和发现现有水印技术的弱点,并促进水印技术的完善。

数字图像水印的攻击方式分为有损压缩、重调制攻击、共谋攻击、几何攻击、密码学攻击、协议攻击和第二代水印攻击等几类。而三维网格数字水印的攻击方式主要有模型的平移、旋转、均匀缩放、非均匀缩放、网格压缩、网格简化、剪裁、平滑处理、重采样和不同系统间模型格式的转换等。

(二)数字作品的标注

传统的数字作品的标注,标注信息和数字作品往往是分开的,这样容易导致标注信息丢失、标注信息与所标注的内容不匹配等情况。把与数字作品有关的信息(可以是图像拍摄的时间、地点、拍照人员等)以数字水印的形式嵌入作品中,使之与作品一一对应,可以避免传统标注手段易于丢失、易于篡改和混淆的缺点,而且并不占用额外的存储空间和带宽。这类水印要求隐藏的数据量大,不需要能够抵抗恶意攻击,只需对应用中涉及的具体操作具有鲁棒性即可。

(三)内容认证

内容认证的目的是验证数据的完整性和真实性,确保数据没有被篡改,有时也称篡改提示，票据防伪是这类应用的典型代表。传统上，使用数字签名来验证数据的完整性，但数字签名需要附在数据的尾部，一旦签名丢失，数据的真伪便无从查起了。而且数字签名不容许数据内容发生丝毫改变，而多媒体信息往往允许传播的信息与原始信息有一定程度的不同。

用脆弱水印对数据的完整性进行认证时，不需要额外的数据，并且可根据数据对完整性的不同要求，使用不同的水印算法。例如，图像经过旋转、镜像操作后，图像的内容并没有改变，而传统的数字签名是针对信息的数据流进行认证，对这种情况是不适用的，而水印技术则可以选择适当的算法，对这类情况进行完整性认证。

（四）传播途径跟踪

在交易或者公开发布数字内容时，为了防止非法复制和传播，可以在每个合法的发布对象中嵌入不同的水印。这样，当发现非法复制或者传播的对象时，可以找到非法发布的对象出自哪里，从而达到跟踪传播途径的目的。

为了防止共谋攻击，此类水印必须具有共谋安全的特点。交易跟踪、操作跟踪、盗版跟踪等是这类应用的具体实例。

（五）数字作品的使用控制

此类应用的特点是，除了水印的嵌入和检测，还需要有相关的软硬件支持。因为数据内容的复制、打印、播放等需要特殊的硬件，针对这种情况，可以把访问控制信息作为水印嵌入相应的数据内容中。当进行相应的操作时，对水印进行检测，读取访问控制信息，并根据操作对所嵌入的信息进行更改，以记录所完成的操作。

除了上述应用，数字水印还可以用来实现隐蔽通信和广播监视等。当前对图像水印的研究比较成熟，音频和视频水印正在发展中。另外，随着三维扫描技术以及互联网技术的迅速发展，三维数据在各个领域应用得越来越广泛，三维数字水印也成为近期研究的热点。

四、数字水印算法

近年来，数字水印技术研究取得了很大的进步，尤其是针对图像数据的水印算法繁多。下面就其主要算法逐一论述。

（一）空域算法

这是数字水印中最早的一类算法。使用该算法，需要将水印信息嵌入图像点中最不重要的像素位上，从而保证嵌入的水印不可见。但是由于使用了图像中不重要的像素位，算法的强壮性差，水印信息很容易被图像量化、几何变形的操作破坏。

另外一种常用方法是利用像素的统计特征将信息嵌入像素的亮度值中。但该方法的嵌入信息量有限，为了嵌入更多的水印信息，可以将图像分块，但这样做牺牲了水印的完整性。

（二）基于统计学的算法

该算法基于一个假设：随机选取的两个像素的差值是以 0 为中心的高斯分布，可以采用同时增加该点对其中一个像素的亮度值和减少另一个像素的亮度值的方法来嵌入水印。该算法抵抗某些攻击（裁减攻击、灰度校正）的能力相当强，但是水印容量小是其缺点，同时其对仿射变换攻击较为敏感。

（三）变换域算法

该算法也称频域算法。使用该算法时，首先把图像分成 8×8 的不重叠像素块，再经过离散余弦变换（DCT 变换），得到由 DCT 系数组成的频率块，然后随机选取一些频率块，将水印信号嵌入由密钥控制选择的一些 DCT 系数中。在提取水印信息时，则选取相同的 DCT 系数，并根据系数之间的关系抽取信息。特点是数据改变幅度较小，透明性好，隐藏的信息量不大，但抗攻击能力强。

（四）NEC 算法

该算法在数字水印算法中占有重要地位。其实现方法是，首先以密钥为种子来产生伪随机序列，该序列具有高斯 N（0，1）分布特性，密钥一般由作者的标识码和图像的哈希值组成，然后对图像作 DCT 变换，最后用伪随机高斯序列来调制（叠加）该图像除直流分量外的 1 000 个最大的 DCT 系数。

该算法具有较强的强壮性、安全性、透明性等。由于采用特殊的密钥，因此可以防止网络攻击。而且该算法还提出了增强水印强壮性和抗攻击算法的重要原则，即水印信号应该嵌在源数据中最重要的地方，这种水印信号由独立分布随机实数序列构成，且该实数序列应具有高斯 N（0，1）分布特性。

五、三维模型数字水印技术

目前，人们所研究的三维水印有三维网格水印、参数曲面数字水印、实体几何模型数字水印及三维动画数字水印等。相对于静态图像领域，图形领域中三维模型数字水印技术由于以下原因，使得其相关研究相对较少。

一是与图像相比，三维模型所包含的用于水印嵌入的数据较少。二是三维模型表示方法不唯一，且格式多样，三维网格模型在多种格式间进行转换时，信息损失大，这进一步增加了三维模型数字水印的困难。三是数据没有固定的顺序，三维模型顶点的分布是不规则的，没有自然的排列顺序。这种无序性使得目前大部分三维模型水印算法采用非盲检测，或者默认顶点排列顺序不变。

四是不存在受影响小的变换域用于水印嵌入。五是用户可以利用工具方便地实现对三维模型的各种几何和拓扑操作。

（一）三维模型数字水印的分类

1.空域水印

空域水印是通过修改三维模型的几何信息（如定点坐标、多边形面积、表面法线矢量等）、拓扑信息和其他属性（如纹理坐标）等来嵌入水印。

2.频域水印

频域水印首先对三维模型进行某种变换（如傅里叶变换、小波变换等），然后对所得到的频域系数进行修改来嵌入水印，最后再进行反变换。

3.体数据数字水印

在地质工程、虚拟人、医学可视化中，三维体数据有着广泛的应用。三维体数据是对有限的三维空间的物理对象的一种或多种属性进行采样得到的。由于一般使用规则采样，所以可以把二维图像处理中的分析方法推广到三维数据中。

4.三维动画数字水印

通过三维运动捕获系统记录下表演者肢体在三维空间的运动轨迹，可得到三维动画。通常，在记录运动轨迹时，时间间隔是均匀的，也就是说时间轴上的采样是均匀的。所以，三维动画水印的载体信息是对关节点空间位置进行等时间间隔采样得到的数据。因此，三维运动信息是具有自然排序特点的。

（二）三维模型数字水印的评价

对于三维模型数字水印的评价也是非常重要的。所谓三维模型数字水印的评价，主要包括嵌入水印前后三维模型间的相似程度；算法的有效性、鲁棒性、计算复杂度；水印包含的信息量、检测结果的表现形式；检测水印对附加信息的依赖程度等。

例如，对水印系统的有效性评价：有效性是指在不进行任何攻击的情况下，水印系统实现正确检测的概率，即从含水印模型中能成功检测出水印，而不含水印的模型中不会检测出水印。一般来说，这个概率都小于 1，也就是说，水印系统的有效性通常达不到 100%。造成有效性低于 100% 的原因是多方面的，如计算精度、统计特性等。

对水印检测的有效性进行衡量的指标是误检率。误检率包括虚检率和漏检率两个方面。虚检又称取伪，指在实际上不含水印的模型中检测出水印。而漏检是指检测器不能从含有水印的模型中检测到水印，即弃真。

（三）三维模型数字水印存在的问题

虽然各国目前对三维模型数字水印的研究越来越多，但其研究成果仍然不能与图像、音频和视频等领域相媲美。三维模型数字水印还有一系列问题需要进一步研究。

1.水印的鲁棒性需要进一步提高

对于水印的鲁棒性，尤其是针对非均匀缩放、投影和整体变形等操作，目前仍然没有好的解决方法。另外，对抗数据压缩的水印算法的相关研究还比较少。

2.公开水印算法研究较少

目前大部分水印算法属于非盲水印算法，这给水印算法的应用范围带来了极大的限制。进一步研究用户干预少的盲水印算法是使三维模型数字水印更具有实用性的一个重要方面。

3.水印的容量和算法效率较差

在兼顾水印鲁棒性的前提下，提高数据嵌入容量和算法效率是一个不小的挑战。

此外，目前还需要研究能够用多种形式表示的三维模型的水印算法，如实体模型、自由曲面模型等。

六、数字水印技术在数字化博物馆中的应用

数字水印技术在数字化博物馆的建设中发挥着重要作用，主要体现在以下几个方面：

（一）版权保护

数字水印技术能够确保数字化博物馆中的文物、图片、视频等资料的版权受到保护。在这些资料中嵌入不可见的水印信息，如作者姓名、特殊意义的文本或图像等，可以识别和验证藏品资料的来源和版权所有者，防止出现非法拷贝和盗版的行为。

（二）数据完整性验证

数字水印技术不仅可以用于版权保护，还可以用来验证数据的完整性。通过在数据中嵌入水印，可以检测数据是否被篡改或损坏。因此，数字水印技术对于确保数字化博物馆中珍贵文物资料的数据安全和完整性至关重要。

（三）追踪和溯源

数字水印技术还可以用于对数字化博物馆中的资料进行追踪和溯源。数字化博物馆发现侵权行为时，可以通过提取水印信息来追踪和识别侵权者；同时，也可以利用水印信息来追踪资料的传播路径和使用情况。

虽然数字水印技术在数字化博物馆中的应用具有诸多优势，但目前市场上的数字水印产品在技术上还存在一些缺陷，如容易被破解或损坏。因此，在实际应用中需要综合考虑数字水印技术的成熟度和安全性，以及数字化博物馆的具体需求，选择合适的数字水印技术。

对于数字化博物馆来说，数字水印技术是一项不可或缺的技术，它在版权

保护、数据完整性保护，以及追踪和溯源等方面发挥着重要作用，有助于确保文物资料的安全、完整和合法使用。

第二节　远程渲染技术

随着三维激光扫描技术和三维建模技术的发展，人们已经能够精确地获取各种物体的外部形状和表面特征信息。例如，美国斯坦福大学的"数字化米开朗琪罗"项目成功地对米开朗琪罗的十件雕像作品进行了数字化转化，扫描精度达到 0.25 毫米，数据量达到 20 亿个三角形。这样的海量数据对于用网络展示三维模型提出了三个难题。

第一，许多珍贵文物属于国宝，通过现有的方法在网络上发布高精度三维模型难以保证其安全性。

第二，当前的普通计算机硬件难以胜任数据量大、模型复杂的三维渲染任务。

第三，高精度的三维模型数据量极其庞大，通过网络传输会花费用户较长的等待时间。

解决客户端图形性能低问题的一种做法是对高精度的三维模型进行简化。远程渲染是解决客户端图形性能低问题的另一种方法。可以基于远程渲染的发布系统，实现对三维模型的保护。

一、基于远程渲染的三维模型发布系统

（一）客户端

用户可以通过系统提供的三维客户端浏览器观察三维模型。用户可以先在客户端程序中下载一个分辨率很低的精简版三维模型，并对此粗糙模型执行旋转、缩放、平移等交互式操作。

当用户停止操作时，客户端程序通过网络向远程渲染服务器发送一个渲染请求，请求中包含当前用户的视点位置、方向及控制三维模型状态的变换矩阵；服务器根据这些信息对服务器端的高精度模型进行渲染并得到高分辨率的渲染图像，然后将其发送给客户端，用户用它替换当前的低分辨率图像以渲染效果。

在低延迟的网络环境下，用户感觉就像在操作一个高分辨率的模型。在中国数字化博物馆项目中，文物的三维模型通常包含超过百万个三角形，在客户端使用的精简版模型一般被化简到 5 000 个三角形左右。

（二）服务器端

1.渲染模块

远程渲染服务器的渲染模块可以根据客户端的请求对服务器端的高精度模型进行渲染，得到一幅高清晰度的图像。

2.渲染图像回读与压缩

服务器根据客户端提供的信息进行渲染之后，得到的图像通常以像素形式保存在帧缓存中，服务器需要从帧缓存中回读出这些像素信息并发送回客户端。

同时，为满足网络传输的要求，必须对图像进行压缩。可以选择通用的 JPEG 图像压缩标准，数字航空航天博物馆中的压缩软件能够在保证图像质量的前提下把从帧缓存中读取的图像压缩到 20～40 KB。

3.通信线程及其管理

为了提高系统的并发程度，满足尽可能多的渲染请求，服务器程序采用了多线程的实现方式。

服务器为每个客户端建立一个通信线程，负责接收来自该客户端的渲染请求，并从渲染请求中读取视点、窗口大小、模型状态等信息，提供给渲染模块；渲染模块根据这些信息渲染完毕后又负责把压缩得到的 JPEG 图像发送回客户端。

二、三维模型发布系统的安全防范技术

与目前流行的"先下载、再显示"的三维模型发布系统相比，远程渲染系统具有先天的安全性优势——需要保护的原始模型数据保存在服务器端，客户端接收到的只有二维的图像。客户端也有一个低分辨率模型。

对于一个含有百万个多边形，甚至千万个多边形的高分辨率模型而言，当把它化简到含有 10 000 个左右的多边形时，虽然其基本的轮廓特征没有变，但是会丢失绝大多数的局部细节，基本上已经不具有任何盗版的价值了。但即便如此，考虑到目前计算机视觉技术的高速发展，为人们提供了根据二维图像重构三维模型的可能性，为了防止潜在的攻击者使用服务器提供的二维图像重构初始的三维模型，服务器可以采取下列防范措施。

（一）日志分析

服务器对每个客户端程序进行标识，并以此跟踪和监视每个客户端发出的渲染请求序列。通过分析服务器日志，可以鉴别出哪些是可疑的请求序列。例如，在单位时间内发出的异乎寻常的大量请求即为可疑请求。

（二）对渲染请求设置限制

为了进一步防止攻击者利用从客户端获取的大量二维图像进行三维重构，可以对观察条件进行一些特殊限制。即对模型设置一些"游人止步"的区域，禁止观察者在某些区域观察模型，从而使攻击者无法重构出完整的三维模型。

（三）噪声干扰

在当前普遍使用的计算视觉算法中，噪声干扰往往会严重降低重构的质量。因此可以针对重构攻击的这一软肋，有针对性地在图像中加入同种类型的噪声干扰，以加大重构的难度。

加入的干扰是以不影响用户观察为前提的，但是足以对重构造成严重的阻碍。系统中使用的干扰包括：干扰渲染的观察参数，干扰渲染的光照参数，在图像中加入高频噪声等。

三、远程渲染技术在数字化博物馆中的应用

首先，通过远程渲染技术，相关技术人员可以实现对文物的高精度三维建模处理。这意味着观众可以通过访问数字化博物馆就能观赏到文物的高精度三维模型。这种技术为观众提供了更加便捷、自由的观赏方式，使他们可以从任意角度、任意距离欣赏文物，甚至可以对文物进行旋转、平移，从而更全面地了解文物的外貌特征。

其次，远程渲染技术还可以结合 VR 技术，为观众打造沉浸式的观赏体验空间。观众可以通过佩戴 VR 设备，与虚拟文物进行互动，获得更加真实、丰富的观赏体验，增强观众对文物的兴趣。

第六章 博物馆数字资源的
组织形式与管理方法

第一节 博物馆数字资源的
组织形式

一、元数据

（一）元数据的定义

元数据是关于数据的数据，是计算机领域的术语。这可以用一个简单的例子来说明：有一本书《政治经济学》，对它的书名、作者、出版社等信息做一个简单的摘要，那么这个摘要信息就可以称作元数据。

从狭义的角度来看，元数据是用来描述数据的数据，其可以反映数据的结构、数据的更新情况、数据之间的依赖关系、数据的质量等。从广义的角度来看，元数据不仅能实现对数据的描述，还能实现对数据的操作和管理。

因此，我们可以这样理解：元数据是关于数据的数据，实际上就是对数据进行著录而得到的著录信息，这些著录信息专门用于电子文件的管理，以保证电子文件的真实性、可靠性。创建元数据的过程就是对文件特征进行描述的过程。元数据不仅包括对文件本身的描述，还包括对文件管理信息的描述。

元数据最基本的用途就是管理数据，从而实现查询、阅读、交换和共享。

（二）元数据的内容与应用

元数据包括核心元数据和扩展元数据。

核心元数据是被普遍认同的一组最重要的、简明地描述数字资源的元数据元素，主要描述所涉及的所有数字资源对象的共有属性。

扩展元数据是核心元数据之外的主要描述数字资源对象内容的元数据元素。根据不同种类的数字资源，要确立不同的扩展数据元素集。限定词是在数据集或元数据集中经常应用的和详细定义项的一个规定的词汇集合。应用限定词汇能提高检索的准确性。

元数据的应用目的有四个：确认和检索、著录描述、资源管理、资源保护与长期保存。

确认和检索主要致力于帮助人们检索和确认所需要的资源，数据元素往往限于作者、标题、主题、位置等简单信息。

著录描述用于对数据单元进行详细、全面的描述，数据元素囊括内容、载体、位置与获取方式、制作与利用方法，甚至相关的数据单元等，其数量往往比较多。

资源管理支持资源的存储和使用管理，数据元素除了比较全面的著录描述信息，往往还包括权利管理、电子签名、资源评鉴、使用管理、支付审计等方面的信息。

资源保护与长期保存支持对资源进行长期保存，数据元素除了对资源进行描述和确认，往往还包括详细的格式信息、制作信息、保护条件、转换方式、保存责任等内容。

（三）元数据的结构

元数据的结构包括句法结构和语义结构。

1.句法结构

句法结构定义元数据的格式结构及其描述方式。例如，元素的分区分段组织、元素选取使用规则、元素描述方法、元素结构描述方法、结构语句描述语言等。有时，句法结构需要指出元数据是否与所描述的数据对象捆绑在一起或作为单独数据存在但以一定形式与数据对象链接。

2.语义结构

语义结构定义元素的具体描述方法，例如，描述元素时所采用的标准、最佳实践或自定义的描述要求。有些元数据格式本身定义了语义结构，而另外一些则由具体使用单位规定语义结构。

数字化博物馆的元数据以 Dublin Core 为基础，提出了 9 个核心元数据，对部分元数据加上了一个或数个限定词。9 个核心元数据包括：题名、主题、日期、格式、标识符、语种、关联、版权、数据量。

二、数字藏品

数字藏品作为数字化博物馆信息体系结构的基本组成部分，不仅是建成数字化博物馆的材料，也是数字化博物馆提供各种复杂服务的基础。数字藏品能够表示各种不同内容与形式的信息，因为它是各种信息的统一、抽象的表示，这种统一保证了管理和利用上的便利。

与藏品和传统博物馆的关系一样，数字藏品是数字化博物馆的核心，所有其他的一切都围绕数字藏品展开。可以说，没有数字藏品也就没有数字化博物馆。

（一）数字藏品的定义

数字藏品由数据文件（数字信息资源）组成，但数字藏品并不是数据文件的简单集合。数字藏品是数据文件有选择、有组织的集合，由元数据描述，并提供给用户相应的访问接口。其中数据文件可以分为两类：一类是各种不同格式的对象信息（如书籍、手稿、视频磁带、音频磁带）的数字化版本；另一类本身就是被机器所理解的数字信息（如数码照片、数据库信息等）。一个合格的数据文件必须是对藏品的忠实体现，并尽可能地支持现有的和将来可能出现的各种应用。

数字藏品是整个数字化博物馆的核心。

藏品摄入系统后应该包含两部分内容：数字化的博物馆藏品和元数据信息。每个藏品都配有一个称为 Handle 的唯一标识符。因此，一个藏品对应的数字资源有：Handle（系统为该藏品分配的全球唯一的标识符）和藏品元数据文件（描述这个藏品的属性信息，如名称、作者、日期等）。

一个数字藏品文件由多个"数字包"组成，每个数字包又由若干个"数字流"组成。"数字流"是一些比特流文件，通常的形式是常见的文件格式，如txt 文件。把那些相互关联的数据流文件放在一起就组成了一个数字包。

例如，一个网页文件通常包含文字、图片、Flash 动画等，文字、图片、Flash 动画都称为数字流，这些数字流一同构成了一个数字包，若干个这种数字包的集合构成一个藏品。

一个数字藏品必须至少包含一个数字包，且每个数字包必须至少包含一个数字流。每个数字流的结构都是相同或十分相似的，因为它们都遵循相同的结构定义规则。

（二）数字藏品的建立原则

建立数字藏品需要遵循如下原则：

第一，需要制定一个明确的数字藏品开发规范，以此作为数字藏品建立的标准。

第二，数字藏品需要体现藏品的主要特点。

第三，数字藏品可以独立于项目经久存在和使用。

第四，数字藏品能被广泛地访问和利用。

第五，需要考虑知识产权因素。

（三）数字对象框架

对象技术有助于构造能够适应环境变化的系统，它通过数据封装等技术来限制外界环境变化对对象内部的影响，而系统的修改也只涉及相应的对象部分。

数字对象框架把面向对象的设计融入数字资源的管理中，在它的框架体系中，所有的资源都被统一管理和操作。资源以数字对象的方式出现，而将描述数据的数据——元数据作为整体数据的一部分，在此基础上，数字对象框架对数字资源进行了封装，将一个数据提供的操作和数据绑定，并提供一些对用户可见的公共访问接口。

第二节　博物馆数字资源的
管理方法

一、数字资源管理的信息模型

博物馆的数字资源往往包含大量珍贵的文化遗产和艺术作品信息。一般来说，对博物馆的数字资源进行管理，首先需要将这些数字资源划分为若干个顶层结构，即资源群落，然后划分藏品结构，把不同藏品划分到不同的资源群落中。若资源群落的规模过大，则可以将其再次细分为若干个子资源群落，子资源群落还可以再继续划分，各个子资源群落又对藏品的信息进行了更进一步的界定和说明。另外，资源群落和子资源群落可划分为若干个资源集合。

与资源群落不同，资源集合是数字化博物馆的最小存储单位，它通常是一系列拥有相同属性的藏品的集合。开发人员将根据数字藏品的特征将其存放在某个特定的资源集合之下。

需要说明的是，由于划分标准并不是绝对的，因此某一个资源集合可能出现在多个资源群落中；同理，某一个数字藏品也可能出现在多个资源群落中。但资源群落、资源集合或数字藏品，都拥有唯一独立的标识符。

这种信息模型解决了不同分馆馆藏结构不同的问题。例如，在人文科学领域，可能存在 4 个子群落，每个子群落下面可能各有 3 层细化的子群落；而对于生命科学领域，可以存在 6 个子群落，每个子群落则可由 4 层再细化的子群落组成。

（一）资源群落

资源群落是整个馆藏结构中的最上层，它将整个博物馆划分成几个部分，从结构上看可以将资源群落看作是当前博物馆的分馆。每个资源群落都具有一些属性用来描述当前资源群落的性质，如 Name 表示当前资源群落的名字；Description 是对当前资源群落的描述；Handle 是系统为资源群落分配的唯一的标识符，用来区别不同的数字资源。一个博物馆必须至少包含一个资源群落（也就是不划分子馆的情况）。

另外，一个资源群落可以根据需要划分为多个子资源群落，这主要是由于某些资源群落在划分时的范围过于宽泛，不利于藏品的存储、管理和展示，故将其继续划分为概念更加清晰的几个部分。

例如，名为"飞行器"的资源群落，如果不作划分，则所有可看作"飞行器"的藏品都会被集中在该资源群落之下，这将导致存储和展示都很混乱。但如果将其进一步划分为"飞机""火箭""飞艇""风筝",博物馆的结构则会更加清晰。

(二)资源集合

资源集合是比资源群落更低一级的层次概念,资源集合是博物馆层次结构中的最低层级,它通常都与一个具有相同特性的藏品集合相对应。

仍以"飞行器"为例,在子资源群落"飞机"中,可以划分出"军用飞机"和"民用飞机"两个资源集合,则所有属于民用飞机类型的藏品(如波音747、波音737等)都存放在资源群落"飞行器"的子资源群落"飞机"下的资源集合"民用飞机"中。

(三)群落、集合和藏品之间的关系

群落、集合都是博物馆的层次结构概念,它们既有联系又有区别。

资源集合从属于资源群落,任何一个资源集合都包含在某一个(或多个)资源群落中。可以说,资源集合所规定的藏品属性集合是资源群落规定的属性的子集,任何一个属于某资源集合的藏品也必然同时属于该资源群落。

资源群落的划分标准通常比较宽松,它只是对博物馆的藏品做了最基本的分类,如在航空馆中"航空史"同"飞行器"两类完全没有交集的数字资源就可以划分为两个资源群落,但数字集合的划分标准较细,通常包含对数字藏品相关性质的明确限制,根据这些限制可以迅速判断出一件藏品究竟是否属于该资源集合,从而避免了在藏品录入时出现模棱两可的局面。

需要注意的是,资源群落和资源集合的划分并不存在什么必须遵守的规则,因为这都是结构上的概念。引入这些概念的最终目的是使得整个博物馆层次结构清晰,藏品便于管理和展示。因此,只要划分方案是合理且可行的,都是可以接受的。

例如,一个概念在一个博物馆的方案中可能作为资源集合,但在其他情况下也可能是一个子资源群落，如何选择需视实际情况而定。如上面的例子中，"民用飞机"也可以看作又一个子资源群落，其下可以再按某种标准划分为若干个资源集合，如按年代划分、按生产国划分或是按用途划分等。这样存放在各个资源集合中的藏品的限制就更多，划分也就更细致。

资源群落和资源集合的划分层次越多，对藏品的分类就越细致，系统的层次结构就越丰富，整个数字化博物馆的结构也会越清晰。但数字化博物馆的结构并不是越清晰就越好，因为博物馆结构的划分必须为实际的需求服务。如观众只对当前展示藏品（飞机）的用途（军用或民用）感兴趣，而不关注藏品的其他特性，那么再费力地将藏品按年代或国别或其他标准划分就是完全多余的，而且过于复杂的层次结构也会给藏品的管理带来许多麻烦。因此在建设数字化博物馆的时候，采用适当的层次结构是十分重要的。

正是由于划分上的灵活性，资源集合与资源群落之间并不存在一一对应的或是必然的从属关系，藏品也是如此。一个资源集合或藏品可能在当前情况下属于某个资源群落，但条件变化时又属于另外的资源群落。一个资源集合可能同时存在于多个资源群落中。例如，"德国生产的战斗机"这个资源集合可能既存在于子群落"战斗机"中，又存在于子群落"德国生产的飞机"中。同理，藏品也可能同时存在于不同的资源集合中。

二、数字藏品仓储

数字藏品仓储是网络上的存储系统，它为数字对象的存储提供了容器。仓储实现了数字对象的存储管理，并且通过一定的访问控制策略提供了数字对象内容发布的机制。

外部系统通过仓储访问协议管理和数字对象。数字对象存放在仓储里面，一个数字对象对外部可见的只是它的唯一标识符，与数字对象的交互只能通过仓储访问协议进行。

一个仓储可以包含其他仓储里面的数字对象，只要提供被包含的数字对象的唯一标识符即可。

（一）dSPACE 系统

dSPACE 系统是一个专门的数字资产管理系统，它管理和发布由数字文件或 "位流" 组成的数字条目，并且允许创建、索引和搜索相关的元数据，以便定位和存取该条目。

dSPACE 系统主要用于长期保存和管理教育科研机构的各种数字资源，包括期刊论文、图书、数据集、学习资源、图像、地图、乐谱、设计图、预印本、录音记录、音乐录音、软件、技术报告、论著、视频、工作文档等。可以说，dSPACE 系统可以存储几乎所有格式的数字化文字、图像、音频和视频资源。

dSPACE 系统的数据组织或者说数据存储形式模型与高校的学院、系别、教研室、实验室等的组织结构大致相对应。其数据模型分别称为社区、合集、条目，其中条目为存储库中的基本存储单元，即指提交到 dSPACE 系统的数据单元。

条目之下还可分为数据包和比特流。这些数据模型的关系是：若干比特流组成一个数据包，若干数据包组成一个条目，若干条目组成一个合集，若干合集再组成一个社区。

dSPACE 系统的主要功能如下：

1.对数字资源进行结构化管理

数字资源可以分为藏品、藏品集合以及藏品群落三个等级。其中，藏品是数字资源的最基本等级，由藏品组成藏品集合，由藏品集合构成藏品群落，而藏品群落也可以由多个子群落组成。

2.定义管理员权限

在 dSPACE 系统中将用户分为两大类，一类是在系统内部拥有任何权限的管理员；另一类是一般用户。系统赋予管理员授权的权利。

　　3.授权

dSPACE 系统中的授权功能可以帮助用户更好地管理和控制系统的使用，保护数字资源的安全和知识产权的权益。

　　4.控制工作流程

对于藏品的提交，有严格的控制措施，包含藏品的提交确认和元数据的确认核准，保证入库数据符合标准规范。

　　5.浏览和搜索

终端用户可以通过多种方式探寻数字资源内容。如：通过外部标识进行参考，如 Handle；对元数据中的一个或多个关键词进行搜索，或进行全文搜索；通过标题、日期和作者索引，也可以选择图片的缩略图进行浏览。

　　6.数字资源的导入和导出

dSPACE 系统最初是针对数字图书馆领域开发的，因此在功能上，dSPACE 系统具有很大的局限性。例如，元数据格式单一，并且元数据的定义与 dSPACE 系统绑定；用户界面、表现形式单一；对灵活、可扩展机制的设计和支持能力较弱等。

为了解决这些问题，北京航空航天大学与美国惠普公司合作开发了面向数字化博物馆领域的通用数字对象仓储 DM-dSPACE。

DM-dSPACE 的主要功能是对数字化博物馆的数字资源进行管理。DM-dSPACE 主要在原有 dSPACE 的基础上增加了如下功能：

第一，支持中国大学数字博物馆元数据标准，该标准基于都柏林核心元素集扩展，支持多学科数据著录功能。

第二，支持中文页面的浏览，以及中文的全文检索。

第三，支持在 dSPACE 联盟内部的多个数据备份。例如，建立数据中心，运行大规模的 dSPACE 实例，保存联盟内部的各个 dSPACE 数据，支持多个副本的数据同步运行。

第四，DM-DSpace 建立的自主的 Handle 服务器具有独立的解析功能，在不与全球 Handle 服务器通信的情况下，也可以进行对联盟内部的 Handle 解析。

第五，中心注册功能支持各个数字博物馆管理员进行数字化博物馆的注册和信息提交操作。

第六，浏览器支持三维模型的浏览。如果数字藏品是一个实体的三维模型，用户可以在本地浏览器上打开并观看。

（二）虚拟馆藏

虚拟馆藏是建立在现有资源仓储上的一个虚拟视图，它跟数据对象仓储的关系就像关系数据库中视图跟表的关系一样。虚拟馆藏定义了一组逻辑内容和展示内容的方式。

DM-dSPACE 中的虚拟馆藏是一组数字藏品的聚合体。DM-dSPACE 将数字资源分为藏品、藏品集合以及藏品群落三个等级。整个仓储被划分为若干个藏品群落，据此将藏品分为几个大类，不同藏品被划分到不同的藏品群落中。

三、数字资源的归档保存

为保证数字资源信息的准确性，用户所提交的资料及其元数据，要通过特定人员（如提供技术支持的系统管理员，负责审核内容正确性与否的博物馆专家等）审查，确保符合数字化博物馆的数据规范才能归档保存。

（一）数字藏品的录入

数字藏品的录入，大致可以分成三个阶段。

预处理阶段：系统管理员设计该博物馆的虚拟馆藏结构，在 DM-dSPACE 中注册元数据信息。

获取藏品信息阶段：该阶段分为两种情况，第一，录入员提交藏品的元数据信息并上传藏品数据文件；第二，通过数字藏品转换器解析数据库文件，得到其中包含的藏品信息和数据文件。

后期提交阶段：当录入员提交藏品的相关信息和文件之后，数字化博物馆藏品录入工具会对这些信息进行处理，生成标准的数字藏品格式；然后录入员可以通过批导入工具，将这些数字藏品批量导入相应的馆藏目录下。

此外，由于有一些大学在数字化博物馆项目开始之前就已经开始藏品的数字化工作，并且将数字藏品的相关信息录入了数据库中，因此，数字化博物馆藏品录入工具除了提供 Web 方式的录入，还支持将数据库文件导入 DM-dSPACE 中。

根据上述藏品录入的过程，数字化博物馆藏品录入流程具体如下：

第一，建立虚拟馆藏结构。

第二，注册元数据信息。

第三，定制藏品录入界面。

第四，录入员通过 Web 方式录入和编辑藏品信息与文件。

第五，对通过 Web 方式获得的数据进行转化，生成符合数字化博物馆项目标准的数字藏品描述格式。

第六，转换器从数据库文件中抽取藏品信息，生成符合数字化博物馆项目标准的数字藏品描述格式。

第七，对于生成的数字藏品，录入员可以选择其所属的类别，然后通过批导入工具将数字藏品导入 DM-dSPACE 中进行统一管理。该过程有单个处理及批处理两种方式。

第八，藏品导出工具可将 DM-dSPACE 中的藏品导出为符合项目标准的数字藏品描述格式。

（二）数字资源的提交

数字资源的提交分为提交、提交中以及资源归档三个阶段。

在提交阶段，数字藏品可以通过两种方式进入提交流程：单个藏品导入和批导入。利用批导入工具可以一次导入多个藏品数据。然后，由批导入工具将外部提交信息包转化成一个提交中的对象。

随后，提交流程进入下一个阶段：提交中。此阶段通过工作流对导入的数字资源进行审查，以保证其满足入库的要求。然而在实际的数字资源管理系统中，可以绕过工作流而直接对数字资源进行存储，但这样不能保证入库的数字藏品的准确性。

当数字资源提交进入归档阶段后，该对象将由对象安装者模块进行处理，它将数字资源对象转换成一个数字化博物馆中完全归档的对象。

最后，数字资源提交完成，并保存在数据库中。

（三）数字资源的确认

在数字资源提交过程中，通过对数字资源的审核，实现对数字资源质量的保证。

数字资源的确认保证了存储在数字化博物馆中的数据完整、规范，且符合标准，并有利于提高检索和查询的准确性。

工作流是博物馆数字资源提交过程的一部分。一个数字化博物馆的工作流最多可以分为三个中间级步骤：步骤 1、步骤 2 和步骤 3。

工作流步骤 1：接受或者拒绝一个提交的数字资源。

工作流步骤 2：编辑用户查看提交对象提供的元数据，但是不能改变提交的文件，也可以接受或者拒绝一个提交的数字资源。

工作流步骤 3：编辑用户查看提交对象提供的元数据，但是不能改变提交的文件。然后必须提交存档，不能拒绝。

　　每个数字化博物馆都可以为每个步骤组织一个对应的管理团体进行审阅；如果某一中间级步骤没有组织这一团体，那么跳过此步骤；如果一个管理团体没有与任何中间级步骤组织在一起，那么向这个数字化博物馆提交的所有对象都直接保存在主存储器内，即直接入库。

　　当一个步骤被调用时，执行这一工作流步骤的任务（也就是要提交的数字资源）就被放入了相关管理团体的"任务池"中。当管理团体的一个成员从任务池中选取这一任务时，其就被从这一任务池中删除。这样可以避免出现一个管理团体的几个成员同时处理同一个任务的情况，从而降低出现重复工作的概率。

　　在工作流模型中，存在如下三种可能性：

　　第一种，如果一个提交的数字资源被拒绝了，拒绝原因（由工作流的参与者提供）会通过电子邮件发给提交者，并返回提交的工作区。然后，提交者可以进行一些必要的修改再重新进行提交，于是工作流又重新被启动了。

　　第二种，如果一个提交的数字资源被接受了，它就进入工作流的下一个步骤。如果后面已经没有与工作流步骤相关的管理团体了，这一提交对象就被归档保存。

　　第三种是数字化博物馆站点的网络管理员可以对一个工作流执行停止的操作。这体现了工作流模型网络用户界面管理的功能。

　　工作流子系统就是通过这样一种逐步认证的机制，将提交者、审查流程和管理者模型化来保证入库数字资源的准确性的。

第七章 博物馆数字资源的
分布式管理系统
——以中国大学数字博物馆为例

第一节 数字资源管理系统的
整体框架

数字化博物馆通过互联网突破了实体博物馆的空间和时间的限制，从而使其面对更多的观众，改变了博物馆的访问方式。然而，博物馆的数字资源不仅仅是这个博物馆的，更是民族的、国家的，也是全人类的。所以，博物馆数字资源管理必须考虑到信息共享的问题。解决信息共享问题的途径之一是建立分布式的博物馆数字资源库群，对博物馆的数字资源进行整合管理。

中国大学数字博物馆建设工程是教育部《面向 21 世纪教育振兴行动计划》之"现代远程教育工程"的一部分，由教育部科技司主持，全国 18 所高等院校共同承担。

中国大学数字博物馆作为一种新的博物馆类型，利用网络多媒体技术、海量数据存储技术、虚拟现实技术和信息保护技术等，一改传统博物馆静态、线性的藏品展示形式，以动态、交互式的非线性方式组织藏品展示，并借助大学不断更新的知识体系、齐全的学科门类以及学科之间的优势互补，强调知识体系之间的融合，使中国大学数字博物馆中的"陈列品"不再受实物和专业的限制。同时，最新的研究进展和重大发现也能够及时在中国大学数字博物馆中得到反映。

中国大学数字博物馆的数字资源管理系统是一个基于数据中心和分布于各地的多个子博物馆的分布式系统。子博物馆系统主要处理和维护本地的数字资源及相关元数据，并且能够和数据中心进行数据交互操作。数据中心比各地的子博物馆系统功能更加强大，性能更加优越，它能够获取各地子博物馆的数字资源和元数据副本并进行长期存储。数据中心还提供各种服务功能作为整个数字化博物馆系统建设的基础，同时还能使用户无区别地访问各地子博物馆的馆藏资源，为其提供各种个性化的服务。

中国大学数字博物馆可以在任何地方配置子博物馆系统，维护各种主题的数字资源。数据中心经过简单的配置就可以和新的子博物馆系统互联，进行数据交互。通过这种方式，数据中心将完成各种主题的多个子博物馆系统的数字资源整合，用户可以通过访问数据中心达到访问各子博物馆系统数字资源的目的。

一、子博物馆系统

子博物馆系统首先要完成本地所有藏品的数字化工作，并且确保每一件数字化藏品都有对应的元数据信息。然后每一个子馆将运行一个本地博物馆资源管理系统，存储和管理各自的数字资源。

在子博物馆系统中，数字资源存储在数据库与文件系统当中。资源管理系统将数字资源与其元数据信息相关联，对资源进行结构化整合，同时自动生成一些管理性元数据（包含存储信息、起源信息和授权政策等），确保数字化藏品的完整性。资源管理系统对子馆的全部数字资源进行统一管理。

二、数据中心

数据中心通过网络与各地子博物馆进行数字资源和相关数据的传输，获取各地数字资源的副本，并进行统一管理。

数据中心运行的资源管理系统的规模要远远大于子博物馆的资源管理系统。因为数据中心包含所有子馆的数字化藏品及与其相关联的元数据。这样，所有的数字化藏品将同时存储在数据中心与子馆系统中。

三、博物馆数字资源管理系统模块

（一）数据中心系统框架中的主要模块

数据中心系统框架中的主要模块说明如下：

1.存储模块

数据库中保存所有数字藏品的元数据和相关信息，各种类型的数字资源文件存储在文件系统当中。

2.资源管理模块

资源管理模块主要负责管理数字资源，为数字藏品的添加、预览、编辑、获取提供支持。

3.藏品分类管理模块

藏品分类管理模块解决数字藏品在各地和中心之间的对应关系问题，统一进行标识解析。

4.检索模块

检索模块支持中、英两种语言的全文检索。

5.安全管理模块

安全管理模块维护系统的访问安全，控制用户访问权限。

6.通信管理模块

通信管理模块负责通过网络与各地数字化博物馆进行数字藏品和相关数据的传输。

7.显示模块

显示模块基于 XML 和 XSL 技术定制不同风格的"数字化博物馆"展示页面并发布。

8.用户界面

用户界面面向不同的用户提供不同的服务，如面向普通用户提供各种展品的浏览和检索服务，面向管理员提供"数字化博物馆"展示内容及形式风格的定制服务。

（二）子博物馆系统框架中的主要模块

子博物馆系统框架中的主要模块说明如下：

1.存储模块

数据库中保存所有数字藏品的元数据和相关信息，各种类型的数字资源文件都存储在文件系统当中。

2.资源管理模块

资源管理模块管理数字资源，为数字藏品的添加、预览、编辑、获取提供支持。

3.通信管理模块

通信管理模块负责通过网络与数据中心进行数字藏品和相关数据的传输。

4.数字资源批处理工具

数字资源批处理工具能够方便子博物馆管理员对数字化藏品进行编辑、存储、标识等处理。

5.应用定制接口模块

应用定制接口模块提供接口，使子博物馆管理员可以利用系统的各种资源进行应用开发，如开发具有自己风格的子博物馆展示界面。

第二节　Handle 系统
与数字资源的定位

中国大学数字博物馆的分布式系统中，采用了 Handle 系统对数字资源进行唯一标识。这一节我们重点介绍具有数字资源定位功能的 Handle 系统。

一、通用标识符系统

数字资源管理系统是由分散在因特网上的多个应用子系统、数据库和一个数据中心共同组成的分布式系统。在传统的单机和局域网环境下，数据库应用系统通过记录号标识某条记录。而在因特网环境下的分布式系统中，简单的记录号已不能满足唯一标识记录的需要，并且记录本身也上升为对象或资源，需要建立数字对象唯一标识符的框架体系。

唯一标识符是应用系统命名机制的组成部分，在原来的内部记录号前加上服务标识号和服务网址即可保证记录的唯一性。此外，唯一标识符不仅需要能够唯一标识数字资源，更需要持久、可操作地标识数字资源，以满足不同系统间的互操作。

数字对象唯一标识符的产生是为了更好地利用以因特网为应用背景的大

量的、分布式的异构资源。一个通用的标识符系统应该包括名称空间、唯一标识符、命名机构、命名登记系统和解析系统5个部分。

数字对象唯一标识符的解析，指的是计算机按照某种协议向某个网络服务器递交数字对象的唯一标识符，发出解析请求，该网络服务器接收到请求之后，按照某种约定调出与该唯一标识符所标识对象相关的一个或多个相关信息，之后将这些相关信息反馈给请求者的整个过程。

以域名解析系统为例，解析就是从某个域名开始，到获得与之对应的 IP 地址的过程，之后计算机可以使用该 IP 地址与相应的因特网主机通信。

解析机制是通用标识符系统的重要组成部分，是实现标识符的可操作性和互操作性的基础。不能够被解析的标识符仅仅起到标识对象的作用，在具有大量资源的因特网环境中，若不能由计算机及网络自动完成实体间关系的关联，就意味着该标识符几乎没有价值。

信息技术发展到今天，已经形成了很多在不同环境下应用的标识符方案，但是，这类标识符方案仅仅详细定义了标识符的构成规则，并规定由特定机构对其进行登记管理，没有为标识符设计一套用于因特网环境的分布式的解析和管理机制，当需要对这些标识符进行解析，并请求获得与其标识对象相关的信息时，通常由使用该标识符的机构或系统通过自定义的协议和约定来实现标识符与对应资源间的实际链接。因此，该类标识符没有特定的解析机制和规则供研究分析。

二、Handle 系统

目前比较成熟、被业界认可且已进入实用阶段的标识符解析系统便是 Handle 系统。Handle 系统与其他解析系统相比，其优势如下：

第一，命名系统灵活，可保持标识符的唯一性及持久性。

第二，基于 Handle 的命名机制可以包容原有的标识符方案。

第三，内建一套完善的 Handle 协议来支持对 Handle 的解析。

第四，对单个 Handle 可实现多重解析。

第五，Handle 命名和 Handle 协议均具有国际化支持。

第六，分布式的服务和管理模式。

第七，安全而高效的解析和管理机制。

（一）Handle 系统的特点

Handle 是一种基于名称的唯一标识符。Handle 系统是因特网上进行名称解析和管理的通用名称服务系统。Handle 系统管理的主要对象就是 Handle。

Handle 系统由解析系统和管理系统两大部分组成。解析系统把用户提供的 Handle 和名字解析成同该 Handle 相关的信息或值，以便用户定位、访问和使用数字对象；管理系统则负责协助 Handle 用户对 Handle 的有关信息进行编辑，以保证名字同实际对象之间的对应关系。

Handle 系统的特点如下：

1.唯一性

Handle 系统中每个 Handle 都是唯一的。

2.持久性

Handle 本身并不是源于它所标识对象的名字。也就是说，Handle 同对象之间的对应关系是通过 Handle 系统来完成的。被标识对象在名字、内容、地址等任何方面的变化都不会影响 Handle 本身，而仅仅影响到与 Handle 对应的关于对象的元数据信息。这样就保证了 Handle 与所标识对象的相对独立性，从而形成了持久的连接。

3.多个实例

一个 Handle 可以指向某个资源的多个实例。Handle 系统可利用多个实例提供扩展服务，并增强名称解析的可靠性。

4.扩展的名称空间

任何本地系统都可以通过活动获得 Handle 命名机构授予的唯一 Handle 号，实现本地名称的因特网唯一标识。

本地系统的名称空间可以融入 Handle 系统的通用名称空间中，从而使本地系统可以提供名称解析和管理的代理服务。

5.分布式服务和管理模式

Handle 系统采用等级式的服务模式。它通过通用名称登记系统使本地的名称空间可以使用不同的解析模式。用户可以在不同环境下对有关的 Handle 进行在线维护和编辑。

（二）Handle 系统的体系结构

Handle 系统的一个重要特点就是它采用的是分布式架构。Handle 系统整体是由许多 Handle 服务构成的。每个 Handle 服务可能由一个或多个服务站点组成。同一 Handle 服务下的每个服务站点从功能上讲都是一样的，也就是说它们可以互相复制。

此外，一个服务站点可能包含一个或多个 Handle 服务器。发至服务站点的 Handle 请求可能最终被分发到这些 Handle 服务器去。Handle 系统可以由任意数量的 Handle 服务站点组成；而构成 Handle 服务的服务站点的数量从设计上讲并没有限制；同样，对构成服务站点的服务器的数量亦无限定。

服务站点的复制并不要求每个站点包含同样数量的服务器，换句话说，只要每个服务站点拥有相同的复制了的 Handle 集，则每个站点可以将这些 Handle 分布在不同数量的 Handle 服务器上。这种分布式结构为系统适应任意数量级的操作提供了可伸缩性，并且可以减轻单点出错的影响。

每个 Handle 服务管理 Handle 系统下一个子名称空间，不同 Handle 服务下的名称空间互不重叠。子名称空间通常由一些命名授权下的 Handle 集组成，负责这些命名授权的 Handle 服务称为主服务，并且是唯一一个为这些命名授权下的 Handle 提供解析和管理服务的 Handle 服务。

在开始解析一个 Handle 前，客户端需要判定所请求解析的 Handle 的主服务在哪里。每个 Handle 的主服务也就是该 Handle 的命名授权的主服务，并且该服务必须在 GHR 注册。客户端通过 GHR 查询命名授权的 Handle 来找到每个 Handle 对应的主服务。

为了提高解析性能，客户端可以选择将 GHR 返回的服务信息缓存在本地机，以便供后续的解析请求使用。也可以存储在一个单独的 Handle 缓存服务器中。无论是单机还是通用缓存机制，都可以用来为本地机构提供共享缓存服务。

一旦对某个 Handle 解析结果进行了缓存，后续对同一个 Handle 的请求就可以在本地得到解答而无须与 Handle 服务进行通信。如果对主服务信息进行了缓存，客户端则可以直接将 Handle 解析请求发送给 LHS 而无须询问 GHR。

（三）Handle 系统的解析过程

如前所述，Handle 系统的名称空间由两个部分组成，即命名机构标识符和本地唯一标识符。Handle 系统的名称服务由 GHR 和 LHS 共同提供。其中 GHR 提供命名机构标识符的解析服务，目前是单一的服务，它将所有用户的解析请求分发到具体负责的 LHS 中，目前由 CNRI 管理。LHS 提供它所管理的名称空间下的唯一标识符的解析服务。

LHS 是所有本地唯一标识符的解析服务和所负责的名称空间下的 Handle 管理服务的总称。LHS 可以由负责分配本地唯一标识符的机构或机构代表管理。它包括多个层次，目前可以分为服务、站点和服务器三个层次。理论上，LHS 可以对应多个服务，每个服务可以对应多个站点，每个站点可以对应多个服务器。LHS 的一个重要特点就是分布式维护和管理机制，即对应服务、站点和服务器的数量都没有限制，它充分保证了 LHS 的可扩展性和可靠性。

Handle 系统的最主要的一项工作就是解析，即在分布式环境下将 Handle

解析成相关的信息。解析的方式有多种，包括使用专用客户端，如在现有的浏览器中添加插件，使浏览器可以用 Handle 系统规定的协议同 Handle 系统的 GHR 通信；通信的方式除了直接同 GHR 通信，还可以通过本地的代理服务器或者缓存服务器实现。

Handle 系统由一系列 Handle 服务组成。每个服务都包括主服务站点和若干辅助服务站点，而每个站点又可以由一个或多个服务器组成。对一个 Handle 服务来说，服务中的所有站点都需要复制主服务站点的 Handle 数据，负责解析命名机构标识符。

Handle 前半部分的 GHR 在结构上同其他 Handle 服务相同，不过它存储的记录类型同其他 LHS 不同，它主要存储命名机构标识符信息，解析用户提供的 Handle 的前半部分以获得负责解析该标识符的服务信息，并将用户的 Handle 重新定向到相关的 LHS 中。

LHS 收到用户的 Handle 后，通过一定的规则将该 Handle 传递到某个具体的服务器上进行解析，从而获得与该 Handle 对应的值。一个 Handle 可以对应多个类型的多个值。

三、数字资源的定位

在数字资源管理系统中，通用标识符子系统由注册中心、本地 Handle 客户端、远程 Handle 服务器三部分构成。

注册中心的主要功能是管理应用子系统的相关信息，对应用子系统进行定位；本地 Handle 客户端负责管理每个应用子系统内部数字资源的唯一标识符，提供对本地资源的定位；数字资源的本地唯一标识符和它所在的应用子系统的唯一标识符，共同组成了一个在数字资源管理系统范围内的唯一标识符，即 Handle。所有 Handle 的名称和值都在远程 Handle 服务器中存有备份。

在数字资源管理系统中，数据中心可以通过网络自动获取各个子系统中的数字资源，因此，一个数字资源在整个系统中可能存在多个副本。数据中心唯一定位到一个数字资源的过程，称为"原始数字资源的定位"；多个副本的定位，称为"数字资源多副本的定位"。

（一）原始数字资源的定位

1.唯一标识符的构成

在数字资源管理系统中，每个数字资源的唯一标识符，即 Handle 由前缀和后缀两个部分组成，前缀和后缀由"/"分隔。前缀是由注册中心分配的唯一标识符，用于标识一个应用子系统；后缀是应用子系统为其内部的数字资源分配的本地标识符。

2.数据中心对原始数字资源的解析过程

首先，数据中心将需要解析的名称发送到注册中心，注册中心解析该名称的前半部分——应用子系统唯一标识符，并将该标识符对应的信息反馈给数据中心。

然后，数据中心根据注册中心反馈的信息向相应的应用子系统发送请求服务，应用子系统中的本地 Handle 客户端解析名称的后半部分，并将相关的信息反馈给数据中心。

3.对子系统的定位

在资源定位系统中，注册中心可以称为"资源发现系统"，应用子系统可以看成"名称空间"。每个名称空间都需要在资源发现系统中注册，对于每个经过注册的名称空间，都赋予一个唯一的名称空间标识，即 Handle 前缀，以及相应的管理员账号。通过这个 Handle 前缀，解析系统即可解析到名称空间的具体位置；通过管理员账号，每个名称空间可以对其空间内的名称进行权限管理，确保了每个数字资源的唯一标识符的安全性。

从逻辑上讲，当数据中心需要获取 Handle 的数字资源时，第一步是到注册中心解析前缀，获得该前缀标识的应用子系统的信息。但是在实际的应用过程中，数据中心无须在每次解析一个 Handle 时，都链接到注册中心解析该 Handle 的前缀。因为注册中心会定期将关于 Handle 前缀和子系统间的映射关系，以及子系统的基本信息传输给数据中心，并在数据中心保存一个副本。数据中心在解析一个 Handle 的时候，首先可以在本地查找该唯一标识符，即 Handle 前缀，如果没有查到相应的应用子系统信息，则需要到注册中心解析该 Handle 前缀。这样就可以减少注册中心与数据中心直接联系的次数，提高整个系统的运行效率。

4.对子系统内部数字资源的定位

应用子系统通过本地 Handle 客户端实现内部记录号的解析和管理功能。本地 Handle 客户端的主要功能有三个：

第一，管理内部记录号：对内部记录号进行创建、删除、修改等基本的操作。

第二，解析内部记录号：为数据中心及应用子系统提供数字资源的定位功能。

第三，与远程 Handle 服务器进行数据交互，将子系统中数字藏品本身的信息及该藏品的唯一标识符信息记录到 Handle 服务器中。

（二）数字资源多副本的定位

当数据中心通过网络自动获取各个子系统中的数字资源后，该数字资源在整个数字资源管理系统中存在多个副本。在这种情况下，应用前面所提到的"原始数字资源的定位"方式无法实现对多个副本的定位，为此，通过 Handle 系统可以实现对多个副本的定位。

数字对象多副本的定位是从解析该数字对象的 Handle 开始，到获得一个或多个相关的结构化数据为止的过程，获得的结构化数据可以是指示对象实例的多个副本存放地址的 URL，或是与标识对象相关的管理员信息，或是一项或多项元数据。

1.Handle 系统的数据模型

Handle 系统提供了一套基于公共因特网的名称到值的绑定服务。每个 Handle 都可赋予一套值。Handle 系统维护每个 Handle 所拥有的值集，并且在响应任何 Handle 解析请求时将这些值返回。

Handle 值使用普通的数据结构存储数据。例如，每个 Handle 值都有一个唯一的索引号，以便与其他值区分。Handle 值还包含了一个特殊的数据类型，定义 Handle 值中数据域中数据的构成语法及语义。此外，每个 Handle 值包含一套管理信息和许可权限。

2.数字资源多副本的解析过程

数字资源多副本的解析过程与原始数字资源的解析过程不同。

在 Handle 系统协议下，提出一个合法的解析请求，就能获得所有关于该 Handle 的全部数据信息，其中包含管理员信息等。数字资源管理系统在 Handle 系统协议的基础上，对 Handle 解析系统做了一些更改，客户端不与 Handle 服务器直接通信，而是通过注册中心与 Handle 服务器通信。所有来自客户端的解析请求，不是直接发送到 Handle 服务器中，而是发送到注册中心。注册中心将这些解析请求转发到 Handle 服务器，并接收 Handle 服务器反馈的信息，过滤这些数据信息，从中提取出对用户有用的信息，屏蔽掉不希望公开的信息。

整个数字资源多副本的解析过程如下：

首先，客户端向注册中心发送解析请求，注册中心接收到解析请求后，通过本地 Handle 客户端将解析请求封装成 Handle 系统协议中的 Handle 解析请求，并发送到 Handle 服务器。Handle 服务器接收到解析请求后，将反馈所有的关于 Handle 的数据信息。注册中心接收到这些数据信息后，过滤掉其中的部分信息，反馈给客户端部分数据信息。

前面已经阐述了数字藏品多副本的解析过程，当用户向注册中心发出 Handle 解析请求后，注册中心会解析出该藏品在项目中的所有可用副本。

第三节　地方站点到中心站点的注册

一、Handle 的管理

数字资源管理系统对 Handle 的管理模式是由授权的命名机构（即应用子系统）对负责的 Handle 进行分布式的管理。管理员要生成、修改和删除具体的 Handle 就需要获得具体的权限，即需要向数字资源管理系统提供认证信息以获得管理权限。Handle 管理员同样是有 Handle 标识的。

管理员的 Handle 标识包括公钥或密钥信息、对应的 Handle 的编辑权限。当向注册中心申请命名机构唯一标识符时，注册中心将为每个命名机构唯一标识符生成对应的 Handle，以及一个管理用的 Handle，前者可以作为命名机构唯一标识符，后者可以作为管理员的身份认证标识。

通过专业的 Handle 客户端，或者代理程序，管理员可以查看自己的 Handle 信息。当管理员获得了管理用的 Handle 后，就可以进行对自身授权信息的管理工作了。在进行 Handle 管理前，管理员需要向权限认证程序提供认证信息以获得管理权限，认证信息包括管理员 Handle、公钥或密钥。

除了管理员负责的 Handle 需要权限认证，GHR 和 LHS 之间、Handle 客户端和 LHS 之间进行通信同样也需要身份认证，目前采取的方法是公钥和密钥的加密方法。

为了避免在客户端和 GHR 之间频繁进行身份认证，可以采取建立对话的方式来进行统一的身份认证。

二、应用子系统申请注册的步骤

每个应用子系统正式运行前都要到注册中心进行注册，具体步骤如下：

（一）申请命名机构唯一标识符

管理员访问注册中心的申请唯一标识符页面，申请命名机构唯一标识符，并同时提交一个密钥，该密钥即管理员 Handle 的密钥。申请操作完毕之后，注册中心会返回一个唯一标识符，以及一个管理员 Handle。例如，唯一标识符为"2107.1"，管理员 Handle 为"2107.1/ADMIN"。

（二）登录注册中心

管理员 Handle 除了可以对命名机构内部的所有唯一标识符进行权限管理，还可以用于登录注册中心。登录注册中心后，管理员需要向注册中心提交关于该应用子系统的相关信息，如管理员邮箱、应用子系统的 URL 地址等。

（三）激活应用子系统

当管理员完成以上两步后，就可以激活应用子系统。将命名机构唯一标识符和管理员 Handle 以及密钥信息填入应用子系统默认的配置文件中，允许该子系统安装，这样整个激活工作就完成了。

（四）修改注册信息

当与子系统的相关信息发生变更时，管理员无须向注册中心重新申请命名机构唯一标识符，只需登录注册中心，修改相关的信息即可。

第四节　各地方数字资源库
与数据中心的信息交互

一、Dublin Core

Dublin Core 是用于标识电子资源的一种简要目录模式。研发它的人员是从传统的图书馆读者通过卡片目录查询、借到所需图书的办法得到的启示：在网络上检索电子资源，也可以借助反映这些电子资源的目录信息。Dublin Core 的研发人员参照图书馆卡片目录的模式，创建了 15 项广义的元数据。

（一）Dublin Core 中广义的元数据

1.名称

标识：Title。

定义：分配给资源的名称。

解释：使资源为众所周知的有代表性的正规名称。

2.创作、制作者

标识：Creator。

定义：制作资源内容的主要责任实体。

解释：创作、制作者，包括个人、组织或机构。

3.主题及关键词

标识：Subject。

定义：资源内容的主题。

解释：用以描述资源主要内容的关键词语或分类号码。

4.说明

标识：Description。

定义：有关资源内容的说明。

解释：该说明可以包括但并不限于摘要、内容目次、内容图示或内容的文字说明。

5.出版者

标识：Publisher。

定义：对制作资源发挥重要作用的责任实体。

解释：出版者包括个人、组织或机构。应该是用于标识出版者实体的有代表性的名称。

6.发行者

标识：Contributor。

定义：对资源内容负有发行责任的实体。

解释：发行者包括个人、组织或机构。应该是用于标识发行者实体的有代表性的名称。

7.时间

标识：Date。

定义：与资源使用期限相关的日期、时间。

解释：资源产生或有效使用的日期、时间。

8.类型

标识：Type。

定义：资源内容方面的特征或体裁。

解释：类型包括种类、功能、体裁或作品集成级别等描述性术语。推荐从可控词表中选用有关术语。对于资源物理或数字化方面的表示，采用"格式"项进行描述。

9.格式

标识：Format。

定义：资源物理或数字化的特有表示。

解释：格式可包括媒体类型或资源容量。也可用于限定资源显示或操作所需的软件、硬件或其他设备。例如，容量包括数据所占空间和存在期限。

10.标识

标识：Identifier。

定义：依据有关规定分配给资源的标识性信息。

解释：推荐使用依据格式化标识系统规定的字符或号码标识资源。如正规标识系统包括统一资源标识、统一资源地址、数字对象标识，以及国际标准书号等。

11.来源

标识：Source。

定义：可获取现存资源的有关信息。

解释：可从原资源整体或部分获得现有资源。建议使用正规标识系统确定的字符或号码标引资源来源信息。

12.语言

标识：Language。

定义：描述资源内容使用的语种。

解释：推荐使用由 RFC 1766 定义的语种代码，它由两位字符组成。随后可选用两字符的国家代码。例如，"en"表示英语，"fr"表示法语。

13.相关资源

标识：Relation。

定义：对相关资源的参照。

解释：推荐使用依据正规标识系统确定的字符或号码标引资源参照信息。

14.范围

标识：Coverage。

定义：资源内容的领域或范围。

解释：范围包括空间定位（地名或地理坐标）、时代（年代、日期或日期范围）或权限范围。

15.版权

标识：Rights。

定义：持有或拥有该资源权利的信息。

解释：版权项包括资源版权管理的说明。如果缺少版权项，就意味着不考虑有关资源的版权。

纵观上述 15 项元数据，可以看出：首先，它比较全面地概括了电子资源的主要特征，涵盖了资源的重要检索点（第 1、2、3 项）、辅助检索点或关联检索点（第 5、6、10、11、13 项），以及有价值的说明性信息（第 4、7、8、9、12、14、15 项）；其次，它较简洁、规范。

这 15 项元数据不仅适用于电子文献目录，也适用于各类电子化的公务文档目录，以及产品、商品、藏品目录，具有较强的实用性。

（二）Dublin Core 的主要功能

从元数据的定义可以看出，元数据起到了传统目录的"著录"功能，目的在于使资源的管理维护者及使用者可以通过元数据了解并辨别资源，进而利用和管理资源，为由形式管理转向内容管理奠定基础。

具体来说，Dublin Core 的主要功能有以下几个：

1.描述

根据元数据的定义，它最基本的功能在于对信息对象的内容和位置进行描述，从而为信息对象的存取与利用奠定基础。当然，Dublin Core 元素集所提供的是就信息对象的识别而言最为基本的描述信息。

2.识别

不可否认，识别被检索的特定信息资源和区别相似信息资源不是 Dublin Core 的目标之一，然而 Dublin Core 中也存在一些与信息资源的识别相关的元素，如日期、类型、格式和识别符。日期能帮助识别版本，当然这对用户而言提供的信息是不充分的。

3.定位

由于网络资源没有实体，因此，明确它的定位至关重要，Dublin Core 元素识别符中的准确地址包含有关网络信息资源位置方面的信息，由此便可确定资源位置所在，方便了网络环境中信息对象的发现和检索，超越了时间和空间的限制。

4.查找

Dublin Core 的设计主要是为了支持用户查找电子资源，其元素旨在成为用户查找电子资源最重要的依据。题名、主题、创建者、其他贡献者均可作为检索点，此外，这些元素的内容可以优化，对其进行规范控制，则能更好地发挥 Dublin Core 的查找功能。

5.选择

Dublin Core 的意图不是为用户在多个检索结果中做出选择提供必要的信息。例如，元素"描述"可能对资源的相关性评估更有用，虽然在一定程度上，用户可以将任何一个元素作为选择的依据，但是 Dublin Core 元数据不是资源的完全代替品，只是在某种程度上，它的确代表资源，可以用来支持资源的选择。

6.评估

Dublin Core 元数据提供有关信息对象的名称、内容、年代、格式、制作者等基本信息，使用户在未浏览信息对象本身的情况下，就能够对信息对象有基本的了解和认识，参照有关标准，即可对其价值进行必要的评估，作为存取与利用对象的参考。

正是由于具有上述的功能和特点，Dublin Core 被翻译成 20 多种语言，在世界各国得到了广泛的应用。

二、OAI-PMH 协议

数字化博物馆所储藏的信息资源多种多样，不可能用一种元数据标准进行描述，因此目前存在着适用于不同资源和不同组织的元数据标准。在数字资源的跨库检索与查询过程中，元数据标准必须能够对不同资源与不同组织的元数据进行集成，实现互操作。在这种背景下，产生了基于开放文献预研（Open Archives Initiative，简称 OAI）的元数据互操作协议。

OAI 的制定最初是针对学术性电子化预刊本的互操作及检索的，但这与各类型数字图书馆和博物馆建设中所遇到的元数据互操作问题类似，因此 2000 年 OAI 的使用范围迅速扩展到数字图书馆和博物馆领域。

2001 年 1 月，OAI 发布了名为 OAI-PMH（open archives initiative-protocol for metadata harvesting）的网络通信协议，为网络上元数据的互操作问题提供了一种可行的解决方案。该协议采用因特网和元数据技术，平衡了增强功能与降低使用难度之间的矛盾。借助 OAI-PMH 协议，发布在网络上的学术性资料不再受限于系统平台、应用程序、学科领域、国界及语言，从而达到了广泛流通的目的。通过 OAI-PMH 协议，用户可以方便快捷地获取自己所需要的数字资源。OAI-PMH 协议也在不断更新中。

OAI-PMH 协议提供了一个基于元数据获取的独立于具体应用的互操作框架。在 OAI-PMH 框架中有两个级别的参与者：数据提供者以 OAI-PMH 方式发布元数据的管理系统；服务提供者以 OAI-PMH 为基础获取元数据来建立增值服务。该协议的主要目标是：简化数字资源内容，以方便有效地传播；提高数字资源的存取效率；扩展可获得的数字资源的种类范围。

OAI 理论框架及 OAI-PMH 协议为用户提供了一个学术沟通与交流的新模式：OAI 架构可以使数字化信息的传播更容易，并且通过元数据获取的方式，扩展了可收藏和传播的数字资源的种类范围；OAI 的元数据获取协议的设计按照简单的原则，可以在短时间内架设起 OAI 服务器；任何组织和个人都可以使用 OAI 架构，构建资源和服务均符合 OAI 规范的服务器。

同时，OAI-PMH 采用了 HTTP 及 XML 开放性标准。OAI-PMH 协议目前将 HTTP 通信协议作为基本的通信协议，其优点是目前所有的 Web 服务器及浏览器均支持 HTTP 协议，这解决了 OAI 的跨平台及相容性问题，也降低了 OAI 架构的难度。与此同时，XML 已渐渐成为全球共同的标准资料格式。

由于 HTTP 及 XML 均为开放性标准，采用 HTTP 和 XML 技术的组合不仅考虑了相容性问题，也确保了 OAI 的开放性。因此，将 OAI 理论框架及 OAI-PMH 协议引入数字化博物馆领域，用于构建分布式的数字化博物馆网络框架，对推动相关技术发展具有较深远的指导意义。

（一）基本概念

OAI-PMH 协议定义了如下几个概念：

1.收集器

一个客户端应用程序，主要用于发布 OAI-PMH 请求。收集器是用户从仓储中获取元数据的工具，由服务提供者操作。

2.仓储

一种可被访问的网络服务器，能够处理 OAI-PMH 协议的命令请求。仓储由数据提供者管理，将元数据发布给收集器。

3.资源

资源是对对象或者是对元数据进行说明的资料。

4.条目

条目是仓储的基本组织单元。一个条目是用来存储和以多种形式动态产生元数据的关于单个资源的容器，其中每个条目均可以通过 OAI-PMH 协议以记录的形式获得。每个条目都有一个标识符，在由这些条目组成的仓储的范围内，该标识符是唯一的。

5.唯一标识符

用于在一个仓储内明确标识一个条目；OAI-PMH 请求中所使用的唯一标识符用于从条目中提取元数据。

6.记录

记录是具有特定元数据格式的元数据。在对 OAI-PMH 请求的响应中，记录以 XML 编码的字节流的形式被返回，它是从基本组织单元中返回的特定元数据。

7.集合

为了方便地获得所需资料，仓储可将不同类别的资料区分为不同的群组，且可以以层次式架构表示。

8.选择性获取

提供以日期为基础或以特定集合为基础的元数据获取方式，使用者可以比较精确地描述想要获得的资料的范围。

（二）工作模式

OAI 中有两种角色：

数据提供者：以 OAI-PMH 方式发布元数据的管理系统；

服务提供者：以 OAI-PMH 为基础获取元数据建立增值服务的管理系统。

OAI-PMH 的工作模式如下：

数据提供者对来自服务提供者的 OAI 请求消息做出响应，OAI 响应消息格式向服务提供者发布元数据。服务提供者通过 OAI 请求消息从数据提供者处获取元数据，并提供增值服务。一个数据提供者可以向多个服务提供者提供元数据，一个服务提供者可以从多个数据提供者处获取元数据。数据提供者和服务提供者只是角色划分不同，一个组织既可以是数据提供者，也可以是服务提供者。

OAI 对数据提供者提供的元数据格式作了规定：数据提供者默认 Dubin Core 格式的元数据。此外，它还可以根据服务提供者的要求提供其他格式的元数据。服务提供者与数据提供者之间的消息传递是通过 OAI 请求和 OAI 响应实现的。OAI 请求嵌入 HTTP，支持通过因特网浏览器直接发出请求。OAI 规定了请求的格式，服务提供者必须按照这个格式提出请求。数据提供者必须以 XML 文档的格式为服务提供者提供元数据。OAI 为数据提供者发布元数据制定了对应的 XML Schema。例如，发布 Dublin Core 格式的元数据的 XML Schema 等。文档服务提供者只接受符合这些 XML Schema 的元数据。

（三）OAI-PMH 技术框架

OAI-PMH 作为一个元数据获取标准，要使这一协议获得广泛的使用，还需要以下几个条件：

第一，建立元数据提供者目录服务系统。内容提供者要想把内容的元数据发布出去，就必须使服务提供者获取数据提供者的基地址，在数据提供者的数量较少，并且比较稳定的情况下，每个服务提供者可以手工维护这些基地址。但是如果数据提供者的数量比较多，并且基地址有变化的情况下，手工维护就不能保证元数据的正常更新，需要建立一种数据提供者基地址注册和更新维护的机制。

第二，低成本的系统转换支持。作为元数据的拥有者，如果为元数据的发布而单独建立数据发布系统，这将增加其系统运行的成本，对数据维护和更新是不利的。这就需要为内容拥有者提供与内容管理与发布一体的元数据发布模块，使其很容易嵌入内容发布系统中，以便降低系统转换的成本。

第三，确定资源的命名体系。为了保证在广泛共享的环境下保持元数据的一致性，需要建立资源标识命名体系，这种标识体系可以是团体范围或行业范围约定的，由于资源的多样性，不可能是一种命名体系一统天下的。建议根据数字对象标识（DOI）等制定命名体系。

第四，必须有对象定位和解析系统的配合。在数字图书馆环境下，人们获取元数据的最终目的是要获取数字资源。如果在得到数字资源的元数据后，读者还要自行进入其他系统去获取数字资源，而这一过程又不能保证成功的话，那么系统的使用价值将大打折扣。

这就需要建立一套地址解析系统，使服务门户和数字资源提供者无缝衔接，当然解析系统并不都需要类似 DOI 那样完善的系统，也可以是团体内部的比较简单的约定方式，并通过其他软件系统来实现。

数据提供者既是元数据的提供者，又是数字资源的提供者。数据提供者希望自己的内容被别人发现和利用，因此在 OAI-PMH 的应用模式下，数据提供者将直接面对服务提供者，这样能够使服务提供者及时提供信息更新服务。而读者要获取原文也要经过数据提供者的允许，这样就保证了数据提供者的利益。

数据提供者可根据不同的用户提供不同质量要求的元数据，如简单元数据、详细元数据。对外可以只提供简单元数据，详细元数据只有通过本地的服务系统才能得到。服务提供者可组织不同内容偏向的检索引擎来满足不同用户的需求。

（四）OAI-PMH 协议在数字化博物馆中应用的问题

OAI-PMH 是一种轻量级的协议，具有很强的兼容性、开放性与灵活性。尽管 OAI-PMH 协议优点众多，但是在将其运用于数字化博物馆时，仍存在着以下问题：

第一，OAI-PMH 是针对数字图书馆提出的，其默认支持的 Dublin Core 元数据集在描述图书信息时"游刃有余"，但在描述各类特色博物馆中种类繁多的数字资源时却明显"力不从心"。

第二，数字资源除包括藏品的元数据信息外，还应该包括与藏品相对应的资源文件。OAI 只考虑了元数据的互操作，对于资源文件的互操作则没有提及。

第三，互操作是通过局域网甚至广域网进行的，可靠性和完整性是不可或缺的。然而 OAI 并没有涉及这两项。

三、METS

元数据作为描述数字资源本身相关信息的数据，在数字资源长期保存中起着重要作用。OAI 默认支持 Dublin Core 元数据集，在运用于数字化博物馆时，存在着上节提出的一些问题。因此，需要一套符合自身要求的更复杂、更具有表现力、更能够准确描述数字化博物馆中资源的元数据格式。这类元数据格式已经存在，通常称为复杂对象格式。

同时，OAI 也提供了对多种元数据格式的支持。研究者通过广泛的调研和比较研究，制定了适用于中国大学数字博物馆系统的数字资源元数据保存方案，并且采用美国数字图书馆联盟开发的元数据编码和传输标准（METS）作为数字资源的封装标准。

METS 是用来对与数字资源相关的描述性元数据、管理性元数据和结构性元数据进行编码的一个标准。

（一）METS 文档组成

METS 文档采用 XML 形式表示，METS 文档主要由 7 个部分组成。

1.METS 标题

它允许在 METS 文档中记录关于 METS 对象本身的最小限度描述元数据。这个元数据包含 METS 文档的创建日期、最后修改日期和 METS 文档的状态。它还允许记录一个或多个名字，以及它们所扮演的角色。另外，可以在 METS

文档中记录多种可选择的标识符作为 METS 根元素主标识符的补充。

2.描述性元数据

METS 文档中的描述性元数据由一个或多个描述性元数据段（<dmd Sec>）组成。每个段都包含一个指向外部元数据的指针（<md Ref>段），或者一个内含元数据（在<md Wrap>段中），或者都包含。外部描述性元数据（md Ref）用于提供一个用来重新找回外部元数据的 URI；内部描述性元数据（md Wrap）用于提供一个含在 METS 文档中的元数据的包装，这种元数据可以有两种形式，即 XML 编码元数据和任意一种专用的二进制或原文形式。

所有的<dmd Sec>段都必须有一个 ID 属性，这个属性为每个<dmd Sec>段提供了唯一的、内在的名字，它使描述性元数据中每个特殊段都能与数字对象中的特殊部分联系起来。

3.管理性元数据

<amd Sec>段包含由数字化博物馆的对象组成的管理性元数据，以及用于创建对象的管理性元数据。METS 文档中提供了四种主要形式的管理性元数据。

（1）技术性元数据

文件的创建及文件使用的格式和字符集。

（2）知识产权元数据

版权许可信息和相关条例。

（3）原始资料元数据

关于数字化博物馆对象来源的一些描述性和管理性元数据。

（4）数字来源元数据

关于文件间的源/目关系的信息，以及最初的数字信息与现在数字化博物馆中的具体形态的文件间的移植/转换的信息。

4.文件段

文件段<file Sec>包含一个或多个<file Grp>元素，这些元素用于将有关联的文件分组。一个<file Grp>可以把一个数字资源的所有相关文件列出。每个<file>元素都有唯一的 ID 属性，该属性为该文件提供了唯一的、内部的名字，它可为文件中的其他部分提供参考。<file>元素可以包括<FContent>元素和<FLocat>元素，<FContent>元素用于在 METS 文档中嵌入实际的文件内容。如果这么做，文件必须是 XML 格式或 Base64 格式。<FLoc at>元素用来标识出文件所在地址。

当准备用于向用户显示数字化博物馆对象的 METS 文档时，嵌入的文件虽然没有什么代表性的作用，但它可以成为库中交换数字化博物馆对象的有价值的特征。

5.结构图

METS 文档的结构图段定义了一个可呈现给用户的数字化博物馆对象的层次结构，使用户可以轻松驾驭它。<struct Map>元素使用嵌套的<div>元素来对层次结构进行编码。每个<div>携带区分类型的属性信息，也可以包含多重的 METS 指针<mptr>和文件指针<fptr>来识别与该<div>符合的内容。文件指针指定当前 METS 文档<file Sec>段中与当前<div>显示的层次结构相符合的文件。

6.结构链接

METS 中的结构链接段格式是所有 METS 主要段中最简单的,只包含一个元素<sm Link>。METS 的结构链接段旨在允许记录结构图中项目之间存在的超链接。如果想使用 METS 来存档网址,并且想维持站点的超文本结构记录与站点本身的 HTML 文件的分离,这是一个很好的工具。

7.行为段

行为段用于将 METS 对象的内容和行为相结合。一个行为段包含一个或多个<behavior>元素。行为段中的每一个行为中都有接口定义元素来对其进行抽象定义。

（二）METS 规范的功能

采用 METS 规范对数字对象进行编码，具有以下几个功能：

1.识别对象内容并且表达其结构

METS 文档可以记录组成一个数字对象内容的文件，以及这些文件如何组织成一个完整的内容。组成内容的文件可以是任意的形式，包括图像文件、文本文件、音频或者视频文件等。

内容的结构组成，可以是任何的分级结构，包括物理结构和逻辑结构。

2.链接描述性元数据和数字对象的内容

METS 规范本身并不提供描述性元数据的规范，对数字对象采用的具体描述性元数据不作限制，但是提供可以指向外部描述性元数据的方法，或者是通过某种方式包含在 METS 文档中，对于这些描述性元数据还提供链接，指向相关的内容实体。

3.链接管理性元数据和数字对象的内容

与描述性元数据的处理方法类似，METS 规范本身也不提供管理性元数据的规范，而只提供方法来指向外部的管理性元数据，同时提供管理性元数据和相关内容实体之间的链接。

4.调整数字内容的行为分配

METS 规范提供了一些机制，可以实现数字内容和一个定义了所有可能的行为分配的接口之间的链接，以及数字内容和所有实现了该接口的软件之间的链接。

5.包装二进制的内容

一个 METS 文档可以以二进制数据的形式包装数字对象实体的内容，也可以以同样的方式包装相关的描述性元数据和管理性元数据，这种特性对于对象的归档非常有利。

总之，METS 为长期保存数字资源提供了良好的封装模型，为数字保存系统的构建提供了良好的数据模型，为数字资源长期保存提供了清晰的思路。

四、OAI-PMH 协议和 METS

根据 OAI-PMH 协议，数据提供者所拥有的藏品元数据格式可以是多元化的，相互独立、自成体系，其资源或元数据库亦可能分布在多个服务器上，但并不影响其对外发布与交换。将 OAI-PMH 与 METS 相结合，具有如下优点：

第一，METS 通过一个封装的 XML 文档表示一种数字资源，这种表示方法可以自然地传递 OAI-PMH 响应中的元数据。

第二，不论是单个文件组成的简单数字资源还是多个文件组成的复杂数字资源，在由 METS 封装后都可以采用统一的数字资源获取方式。

第三，METS 提供了明确表达数字资源及其组成文件地址的机制，这就解决了数字资源获取中的准确定位问题。

按照定义，OAI-PMH 时间戳是元数据的创建或者修改日期。在使用一种复杂对象格式时，这种复杂元数据是资源的一种表示方式，包括资源的所有组成，如多个数据流、描述元数据等。因此，当资源组成部分发生变化时，相应的 OAI-PMH 时间戳必须变化。需要注意的是，这类变化有时不一定会导致封装 XML 文档的变化。如果以传址方式提供的一个比特流发生了变化，但它的访问网址不变，那么相应的封装 XML 文档也保持不变。

第四，复杂对象格式具备区分资源的标识符和定位符的能力。

155

五、地方数字资源库与数据中心的信息交互

地方数字资源库与数据中心的信息交互过程大致可以描述为：数据中心每天定时向各地方数字资源库发出获取信息（称为"收割"）的请求，获取元数据信息；随后，根据获取的元数据信息，检验地方数字资源库中的数据对象是否在数据中心存在或更新（即是否发生变化），数据中心只获取发生变化的数据对象，直到全部变化的数据对象收割完毕，完成数据同步。这样的信息交互过程称为互操作。所谓互操作能力，就是不同的计算机系统、网络、操作系统和应用程序一起工作并共享信息的能力。

地区中心是中国大学数字博物馆系统的管理机构，它摄取了全部子博物馆的数字资源副本，并对其进行管理和整合。同时，它使最终用户无区别地访问各地子博物馆的馆藏资源，提供单个子博物馆不能实现的特色服务，如对某一特定主题，多个子博物馆系统协同布展。

地区中心可以对两类站点进行元数据收割。一类是分馆，地区中心收割数字资源；另一类是注册中心，地区中心收割子博物馆相关信息。地区中心本身有一个本地分馆信息数据库，除保留子博物馆的相关信息外，还保存着每个子博物馆有关元数据收割的相关信息，例如，最后一次成功收割元数据的时间，历次元数据收割过程中没有收割成功的数字资源的信息等。元数据解析工具对收割到的 OAI 响应进行分析，提取出元数据和资源文件信息。元数据通过导入工具直接存入数据库。

地区中心仅对在注册中心完成注册的子博物馆进行收割。从子博物馆收割到资源文件后，首先需要计算其数字摘要，然后与收割到的资源文件信息中包含的数字摘要进行对比，如果相同则表示传输过程中没有发生错误，可以导入资源文件数据库；如果不相同则表示发生了错误，需要重新下载资源文件。

各子博物馆负责管理本地的数字资源及其对应元数据。子博物馆可以根据

需要添加新的元数据，随后需要通知中心站点管理员，以便管理员在数据中心对新添加的元数据项进行注册。否则，收割的时候会发生异常。

　　元数据提取功能的实现是指根据地区中心的请求，从元数据仓库和资源文件仓库中提取出符合要求的信息。在提取资源文件信息时，首先分析对应藏品的重要性级别，系统只提取出该级别的数字藏品的资源文件信息，对于其他级别数字藏品的资源文件的访问是通过中心 Handle 服务器直接定位到分馆的，故地区中心无须获得相关信息。为保证地区中心获得的资源文件的完整性，系统需对资源文件计算数字摘要，并将摘要作为资源文件信息的一部分。

第八章 博物馆数字化
建设实例分析

第一节 通化市博物馆
数字化建设实践

一、通化市博物馆数字化建设内容

（一）文物与文物展示数字化建设

随着我国社会经济的高速发展，满足人民日益增长的精神文化需求成为当前文化事业发展的重要目标。同时，国家也为博物馆数字化建设提供了各方面的支持，从而推动了数字化博物馆事业的发展。

1.文物信息云存储

博物馆的文物数字化工作是繁杂且耗时的，但却是博物馆文物资源整合的重要内容。博物馆文物资源数量大、种类多、涉及范围广。博物馆文物藏品资源的数字化转化，首要的是开展文物信息云存储工作，它为后续的文物藏品资源的分类、展示、检索及其他信息化服务奠定了工作基础，也能为社会大众提供文物藏品信息资源的传递服务。

想要开展文物信息云存储工作，首要任务是进行博物馆内文物藏品资源的数字化采集。博物馆内文物藏品资源的数字化采集的核心是对馆藏资源进行数字化转化，即通过一定的硬件设备和软件资源，将藏品信息转换成计算机能够识别和处理的二进制代码。

2.文物数字化技术

笔者对通化市博物馆内展示的文物资源进行分析，对文物资源进行分类细化，将馆内文物分为器物类、古籍书画类、标本类以及其他四个大类。

（1）器物类

通化市博物馆内馆藏器物类文物数量较多，种类不一，历史时间跨度较大，材质也各不相同，包含骨器、石器、铜器、铁器、陶器、瓷器、玉器、金银器、珐琅器等，这些器物在一定程度上反映了当时的历史文化，有极高的研究价值。这也从侧面反映出通化市博物馆文物藏品资源数字化采集工作的工作量巨大，同时也具有一定的难度。

通化市博物馆内馆藏器物类文物的数字化采集工作分为二维图像采集与三维模型采集两种。进行二维图像采集，需要用到数码相机等设备，对馆藏器物类文物进行标准化的拍摄。三维模型数字化采集是对文物藏品资源真实性的客观追求，是为了让观众更好地对博物馆馆藏文物进行多角度、全方位的欣赏，也有助于博物馆工作人员与学者对馆藏文物进行更为专业的研究。文物的三维模型的建构是直接的数字化手段，它是利用先进的设备，通过数字化扫描、拍摄的方式，对文物实体直接进行信息采集、记录，利用计算机软件进行数据拼接、后期处理加工、表面贴图，再利用数据库进行储存和管理。三维数据采集技术主要有三维激光扫描技术、光栅投影扫描技术、摄影测量技术以及工业计算机断层扫描技术。

（2）古籍书画类

通化市博物馆的古籍书画类文物因其材质的不可再生性，也面临着各种自然情况的损伤，比如氧化、风蚀、霉变、老化、虫蚀等，故对通化市博物馆古籍书画类文物进行数字化采集是必要的，也是迫在眉睫的事情。

通化市博物馆古籍书画类文物包括壁画、石刻、碑刻、古籍、拓本、书画等，根据古籍书画类文物本身的特性，以平面状的文物为主，故对此类文物的数字化采集，多借助数码相机或者扫描仪等设备。由于通化市博物馆古籍书画类文物本身具有不同的特质，因此需要采用不同形式的采集方法，为了使采集的数据更加精确，笔者对这些文物进行了更加细致的分类。

笔者根据通化市博物馆古籍书画类文物的现有存在形式，将其分为平面与立体两大类。

平面类包括壁画、古籍、拓本、书画等。

壁画：因壁画的独特性、脆弱性，我们可以参考敦煌莫高窟壁画的采集方法，运用高光谱数据处理技术和三维激光扫描技术对通化市博物馆馆藏壁画进行数字采集。高光谱中的数据信息非常丰富，可以快速地获取古代壁画的数据信息，更加客观、真实地记录壁画信息。三维激光扫描技术可以让人们更加清楚壁画之间的纹理关系和壁画的细节部分，能够保证壁画数据信息的完整性和准确性，更好地应对古代壁画的各种病害。

古籍：古籍因其所书写的内容十分重要，并且其材质也会因自然或者人为原因受到损坏，因此对其进行数字化采集是必不可少的，这也是为了更好地进行保护以及后续对古籍文献进行研究。通化市博物馆对古籍类藏品的数字化采集可以采用数码相机或者扫描仪实现。应用数码相机主要是对古籍的外部整体情况进行拍摄保存，拍摄时要对古籍的整体、内页、封面、封底、装裱形式以及细节进行规范化拍摄。

拓本：拓本类文物的数字化采集工作相较于前两种文物来说简单一些，可以使用数码相机或者扫描仪对整体文物进行拍摄、记录与保存。

书画：书画类文物大多使用纸张、棉纺丝织等纤维材质进行书写或者绘画，其受到的病害比单单只是纸张类的要多，并且遭受病害之后的书画文物上的颜色、墨迹颜料、本体材质等皆难以获得，这增加了对此类文物保护、修护的难度，而数字化采集是对此类文物进行科学有效的保护的重要手段。通化市博物馆针对此类文物的数字化采集同样可以运用数码相机或者扫描仪进行。用数码相机对书画类文物进行图像采集，要对其整体影像、画心、装裱形式、外包袱皮、细节等进行专业、规范的数字采集。

立体类文物不似平面类文物易于数字化采集，大多因其难以移动、体型过大、质量过大、不可直接接触等性质增加了数字化采集的难度。以石碑为例，通化市博物馆针对此类文物，运用了三维数字化扫描技术，客观地对碑首、碑身、碑座进行了不接触操作的测量，采集具体数据，在保证数字化精度的前提下，最大化地保存了文化遗产的原始数据信息和实体图像，全面完成了碑文查找和三维数字化存档工作。

（3）标本类

通化市博物馆内存有动物化石、遗骸、墓葬、遗址等文物资源，笔者将它们统一归纳为标本类。此类文物既涉及小型器物，也包括大型场景，需要根据不同的标本性质采用不同形式的数字化采集方式。小型器物类文物的数字化采集主要运用二维图像采集技术与三维模型构建技术，而涉及大型场景类的数字采集，可以使用多视角的三维重建技术。多视角的三维重建技术是以普通数字相机作为影像获取工具，从不同角度围绕被拍摄的遗址、文物等获取多幅数字影像，然后根据计算机视觉原理，对获取的全部数字影像进行匹配，生成被拍摄物体的表面三维点云，自动加载影像纹理后得到真实的三维模型。

（4）其他

通化市博物馆还存有不便归纳为上述三种类型的文物，例如清代服装、民族英雄高志航使用过的照相机等。对于这些文物，可以根据文物本身特质、特性选择合适的数字化采集方式。例如，针对衣物类文物，可以使用数码相机或者扫描仪进行数字化采集。

3.文物数字化展示

通化市博物馆馆藏文物的数字化展示，主要由线上与线下两部分组成。而想要更好地进行馆藏文物的数字化展示，就不得不依赖前文提到的文物信息云存储以及文物数字化采集技术，只有在这些先进技术的基础上才能更好地将馆藏文物以数字化的形式展示出来。

文物数字化展示是将观众体验放在首要位置，成熟的馆藏文物数字化展示技术能给观众提供更高品质的享受。一般来说，数字藏品资源的展示技术包括静态展示、动画展示、多媒体展示、三维展示等多种。

（1）静态展示

通化市博物馆的馆藏文物静态展示主要是以图片与文字的组合形式进行的，这种展示形式在通化市博物馆内随处可见。

（2）动画展示

通化市博物馆运用动画展示形式，可以更加生动形象地还原文物背后的故事，为观众提供更为真实的参观感受。此类展示形式主要用于通化市博物馆内远古足迹展厅、反抗殖民展厅，以及开发关东展厅的伐木放排场景、采参场景、挖煤窑场景。

（3）多媒体展示

多媒体展示形式在通化市博物馆内也可以见到，但使用次数较少。

（4）三维展示

三维展示技术是衡量现今博物馆数字化发展水平的一个重要参考指标。不管是小到微距的文物还是大至考古遗迹场景环境，皆可应用三维展示技术呈现出来，而这种技术可为文物的保护与修复提供真实的参考数据，也可重建已消失或损坏的历史遗迹等。发展三维展示技术是目前通化市数字化博物馆建设的重点方向。

（二）运营管理数字化建设

1.系统管理平台

通化市博物馆系统管理平台的功能主要有系统运行管理、后台监控与统计服务、系统维护与修复、用户管理。

（1）系统运行管理

系统运行管理是针对通化市博物馆线上服务系统的服务，可以更新信息资源的服务数据。

（2）后台监控与统计服务

后台监控与统计服务是针对通化市博物馆线上服务系统操作运行规范化进行的后台监控，以及对日常参观访问等数据进行统计的服务。

（3）系统维护与修复

系统维护与修复是信息服务工作人员对通化市博物馆线上服务平台进行日常的系统维护与修复，保证线上服务系统能安全、平稳运行。

（4）用户管理

用户管理是根据用户浏览通化市博物馆线上服务平台的访问数据，向用户提供个性化的信息浏览服务。

2.系统操作平台

通化市博物馆线上系统操作平台主要用于博物馆工作人员上传展馆、文物等信息资源，博物馆信息资源的线上发布，以及保证博物馆日常信息资源的更新。

3.用户参与平台

博物馆的用户参与平台以网络终端为媒介，与用户进行虚拟空间的联结，使观众具有更加真实的参与感，也能针对用户访问习惯提供合乎用户喜好的访问内容，也能通过此平台获取最新的博物馆信息资讯。

博物馆门户网站集文物展览展示、新闻公告、在线服务和互动交流、资源整合等功能于一身，是博物馆向公众提供服务的统一入口。通化市博物馆在向数字化发展时，需要对门户网站进行建设。笔者根据通化市博物馆的实际情况，对通化市博物馆门户网站进行了简要设计，如图8-1所示。

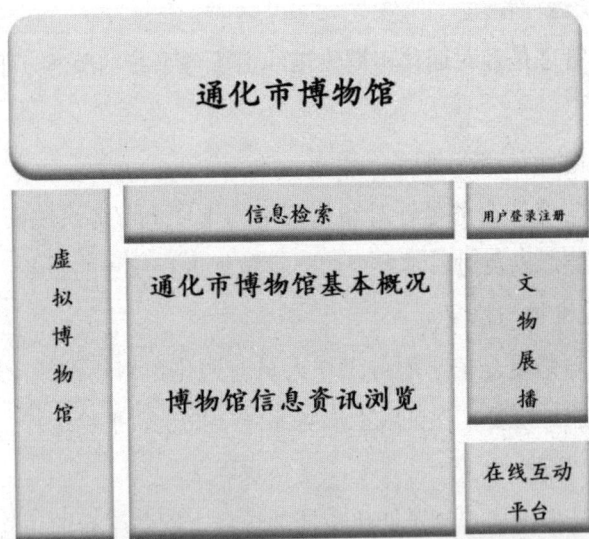

图8-1　通化市博物馆门户网站设计

（1）通化市博物馆基本概况

此窗口能方便用户详细了解通化市博物馆的基本情况。

（2）用户登录注册

此窗口能方便用户注册或登录。

（3）信息检索

利用通化市博物馆门户网站的信息检索服务，用户可以方便、快捷地对通化市博物馆馆藏文物及其历史文化知识、博物馆展馆情况、博物馆主题展览活动、博物馆馆藏书籍等进行不同方式的检索。

（4）虚拟博物馆

浏览通化市虚拟博物馆，可以真实体验通化市博物馆虚拟空间的场景。用户参观时不受时间、地域等外在因素的限制，可以任意参观任一展馆，并可直接调取博物馆馆藏文物的三维模型数据。

（5）博物馆信息资讯浏览

博物馆工作人员定期或不定期更新博物馆馆藏文物信息资源，以及博物馆主题展览活动信息，以供用户进行查询观看。用户也可在网站中浏览博物馆主题活动预告，以及活动现场举办情况。

（6）文物展播

该平台提供馆藏文物信息滚动播报服务，馆藏文物信息包括基本文物信息、三维模型数据、文物历史文化展示等。

（7）在线互动平台

用户可以通过该平台获取答疑反馈，提交对通化市博物馆建设的建议等。

（三）公共文化服务数字化建设

1.社会教育数字化

博物馆的社会教育功能通常是以线下传播授课为主要形式来实现的，而随着社会与科技的发展，以网络为文化知识的传播载体，为博物馆社会教育功能的拓展提供了更多、更好的发展空间。数字化博物馆无论是在资源的数量、可持续建设能力及适应人群方面都远远超出了传统博物馆资源所覆盖的范围，其利用丰富的数字信息资源，为社会大众提供学习的平台，并且不再局限于某一时间、空间内，满足了用户跨时空获取知识的需求。

笔者根据通化市博物馆实际情况，设计出通化市博物馆社会教育数字化发展模式，包括在线课堂、在线展览、在线讲座、在线互动以及移动博物馆五个方面。

（1）在线课堂

通化市博物馆可以采用直播或者录播的形式进行数字化教育，依靠数字库技术、多媒体技术、三维数字技术、虚拟现实技术等，打造网络文化盛宴，不同年龄段的人群皆可通过通化市博物馆提供的网络链接或者 App 进入"云课堂"，学习历史文化知识、民俗文化、手工技艺、非物质文化遗产等课程内容。通化市博物馆公众号是开设在线课堂的主要场所，曾多次开展"微课堂"等活动，向大众传播传统文化知识。

（2）在线展览

在线展览通过互联网技术手段发布相关藏品资源信息，供观众网上参观。通化市博物馆曾多次开展线上展览活动，对社会公众进行文物信息等知识的输送。

（3）在线讲座

通化市博物馆同样可以采用直播或者录播的形式举办在线讲座，受众群体不限年龄，通过网络链接或者 App 接受在线教育。通化市博物馆可以根据不同年龄段提供更加专业化、体系化的高质量讲座。

（4）在线互动

依靠社交媒体等软件进行在线互动，以求达到"寓教于乐"的目的，将趣味性注入文化知识当中，以提高通化市博物馆的活跃度，吸引更多的人走进博物馆，使得通化市博物馆社会教育程度最大化。通化市博物馆在线互动的举措，保证了参观者、访客的参与度，使得博物馆寓教于乐的功能最大化，也符合博物馆以人为本的根本要求。

（5）移动博物馆

利用移动科技设备等开展文化配送服务，形成更大范围的博物馆社会教育辐射圈，不仅能更大范围地传播文化知识，也能给博物馆的发展带来更多可能性。

通化市博物馆为保证博物馆文化知识等的有效输送，多次开展移动博物馆活动，拓宽通化市博物馆的辐射圈。

2.服务设施数字化

（1）智慧导览系统

博物馆传统导览服务以讲解员讲解为主，辅以博物馆内张贴的导览标识，但常常因讲解员人为因素或馆内讲解人员不够出现服务不及时、与观众互动性不强等情况。通化市博物馆的智慧导览系统更加符合博物馆数字化的发展需求，其包含前端网络定位、数据采集与传输、后台数据存储与分析、前端数据展示与互动等多个层次，为用户提供在线地图浏览、门票预约、展览活动介绍、活动预约、展品欣赏、实时导览等服务。

（2）残障人群个性化服务

残障人群是社会中的弱势群体，通化市博物馆引进了不同的技术为残障人士提供有针对性的服务，如安全导航技术、眼控技术、室内定位技术、触觉反馈技术、增强现实技术等，以为残障人士参观博物馆提供条件。

3.社交媒体的应用

社交媒体与博物馆的双向互动，开创了博物馆公共文化服务的新模式，极大地扩大了博物馆的影响力，为博物馆信息资源的传播提供了多种方式与渠道。社交媒体的应用也使得博物馆更加贴近社会大众的生活，有助于其在潜移默化中提升社会大众的知识水平。

通化市博物馆运用微博、微信、抖音等社交媒体进行宣传时，既要保证发布作品的质量，定期或不定期地进行内容更新，还要对平台进行后台监控与日常维护，保证社交媒体能正常、有序地运行，提升内容的创新性。

（四）非遗项目数字化建设

通化市独特的区域地理位置以及浓厚的人文氛围，使通化市具有深厚的历史文化传统。通化市有多项国家级非物质文化遗产项目，如长白山满族剪纸、长白山满族枕头顶刺绣、大泉源酒传统酿造技艺、人参炮制技艺、海龙鼓吹乐，以及其他省、市级非物质文化遗产。

通化市博物馆要想利用非物质文化遗产实施数字化项目，进而推动通化市数字化博物馆的建设，就要深入发掘通化市非物质文化遗产的历史与社会价值。通化市博物馆也意识到了非物质文化遗产数字化对通化市数字化博物馆建设的重要性。为丰富社会大众的精神文化生活，本着弘扬中华优秀传统文化的宗旨，通化市博物馆采用线上和线下多种展示方法，通过实物、图片展览形式创办"通化宝藏"系列展览活动，而大泉源酒传统酿造技艺也在展出之列，其以大泉源酒业宝泉涌酒坊遗址作为展出对象。

此次的通化市博物馆线上"通化宝藏"展览活动首先以图文形式在微信公众号进行展览宣传,之后博物馆数字化展览可以与相应的数字技术进行融合,利用虚拟现实技术、增强现实技术、全息投影技术以及智能感知技术打造专属于大泉源酒业宝泉涌酒坊与参观者的虚拟交互空间。参观者在参观游览的同时,可以亲自体验通化市国家级非物质文化遗产项目的蒸馏酒传统酿造技艺。同时,通化市博物馆也要运用互联网传媒技术,扩大宣传力度,提升通化市博物馆与通化市非物质文化遗产项目数字化的实施能力与影响力。

走博物馆数字化与通化市非物质文化遗产项目融合的道路,不仅仅限于此,这条路有无限的可能性,同时也是发挥通化市博物馆社会公共服务能力的重要体现。博物馆数字化与通化市非物质文化遗产融合项目是可以长久实施的项目,除上述蒸馏酒传统酿造技艺数字化外,还可以利用通化市的长白山满族剪纸与长白山满族枕头顶刺绣这两项国家级非物质文化遗产项目进行博物馆数字化实施项目的开发与升级,这两项非物质文化遗产项目便于通化市博物馆进行深度挖掘,同时也是社会大众喜闻乐见的历史文化传承项目,并且其受众群体较多,观众接受能力较好,值得通化市博物馆进行数字化开发与利用。

二、通化市博物馆数字化发展路径探索

(一)采用先进的技术手段加快博物馆数字化建设

随着科学技术的不断进步,博物馆数字化建设的脚步也在不断加快。例如,当前虚拟现实技术就可以应用于博物馆数字化建设之中。虚拟现实技术包含计算机图形学、数字图像处理、传感器和多媒体等多个领域的技术,从而将由数据构建的博物馆变得更加真实,极大地推动了我国非物质文化遗产保护事业的发展。

具体来说，虚拟现实技术分为虚拟实景技术（如虚拟游览实体博物馆）与虚拟虚景技术（如复原生成阿房宫、圆明园中已经消失了的建筑，构建尚未发掘的秦始皇陵等）两大类。借助虚拟现实技术，工作人员可创建古环境的三维动态数据，再采用后期处理等方式加快数字化博物馆建设。

与此同时，还要加强博物馆内大屏幕的内容展示。我国大部分博物馆都在其显著位置放置了大屏幕，并定时播放与博物馆相关的内容。这些内容与虚拟博物馆的内容相互关联，用户登录系统时可以自动进入虚拟博物馆提取数据库中的资源，如相关的文字、图像、音频，甚至是博物馆的三维立体影像资料。通过系统的设定，多位用户可同时进入系统，多个专家可同时围绕某个文物进行交流并对其进行评定。

此外，博物馆的数字化建设不应只注重博物馆的表面工作，还应从更深层次的组织运作等方面进行数据化、信息化管理。同时，博物馆的管理者应制定长远的信息化建设目标，以加快博物馆数字化建设的进程。

（二）强化网络基础建设，夯实博物馆数字化建设的条件基础

网络基础建设既是博物馆数字化建设中的重要项目，也是实现博物馆信息化的必要条件。只有依托基础网络技术，才能实现博物馆数据资料的信息交互。在基础网络上不仅能够搭建资源共享平台，实现博物馆各部门之间的资源共享，提高博物馆整体运作效率，还能够引入数据库技术，提高博物馆藏品的管理效率。更重要的是，通过研发移动终端产品，可以加强博物馆文化传播的公共职能，增强博物馆和参观者之间的互动，提高人们参观博物馆的兴趣。

目前，基础网络的连接方式分为有线网络和无线网络两种。随着网络技术的发展，无线网络的应用和相关产品越来越多，用户的需求量日益增加。由于无线网络不受线缆和端口位置的限制，同时节省了终端与交换设备间布线的成本，因此成了有线网络的补充和延伸。通过无线网络，博物馆的管理人员可以随时随地上网办公，提高了工作效率，参观者在博物馆展厅内可以随时享受博

物馆数字化带来的便捷，在参观过程中可以将手机、计算机等终端连接上网，同时也为博物馆数字化建设奠定了必要的基础。

（三）加大资金投入，加快硬件和软件的更新换代

博物馆要想改变参观者较少的尴尬局面，加大对博物馆数字化建设的投入是其中一种解决方案。通过数字化建设，博物馆可以提高管理效率、优化用户参观体验、增强用户的互动性和参与性等。另外，数字化转型可以扩大博物馆的影响力和传播力，吸引更多用户和资金支持。

加大对博物馆数字化建设的投入主要集中在硬件和软件的更新换代上。在硬件投入方面，博物馆要及时购置高清的摄影机、扫描仪等；在软件投入方面，不仅要加大对虚拟博物馆的建设，还要加强网络安全、系统升级等日常维护。

（四）加大博物馆数字影像资源的版权管理力度

众所周知，图片、影像等数据资料的复制和修改比较简单。在网络时代，资源的传播不仅不受时间与空间的限制，而且传播速度快、传播范围广。通过高清扫描仪的扫描，数字化博物馆中的文物展示效果与原物品不相上下，但没有经过博物馆的允许，就对文物图片进行修改、复制、传播等，会对博物馆造成负面影响。博物馆是公益性质的单位，具有传播文化和展示人类发展历史的重要功能。如果随意修改文物图片并从中非法牟利，那么这对博物馆来说是非常不利的。

当前，如何保护好博物馆的数据库资源已成为数字化博物馆信息建设的一项重要内容。不同国家都明确赋予了版权人信息网络传播权，并提倡利用各种高科技措施保护数字作品的版权。《中华人民共和国著作权法》《信息网络传播权保护条例》和相关的法律对这方面也都作了详细的规定。在目前现行的法律条文下，我国为保护博物馆的影像版权做出了大量的努力，如倡导使用合理的技术措施进行加密保护。当然，这样的保护措施只是手段，最大限度地发挥资

源的作用，最大可能地传播知识，才是保护知识产权的最终目标。

另外，博物馆的数据库文物影像要通过版权登记和授权等机制对文物数据资料进行科学的管理。只有对其进行科学、系统的管理才能更好地保护文物数据的版权，才能更好地将数据库文物影像用于展览、教育与研究等各个环节。

（五）加强博物馆数字化人才队伍建设

博物馆学作为一门综合学科，涉及的专业知识复杂而且综合性较强。事实上，博物馆的主要工作人员大都是历史、考古等专业毕业的人员，其他专业的工作人员相对来说比较缺乏，这就导致博物馆的工作人员缺乏学科之间的交流沟通，这对于数字化博物馆的建设是非常不利的。

推进博物馆数字化建设进程主要依靠掌握先进技术、吸收高素质人才等手段。国外大多数先进的博物馆都是利用了较先进的科学技术成果，其研究内容涉及多个领域，如展品保护、展品陈列、学术研究、日常管理及运营等。因此，博物馆内不仅要有与博物馆学相关的专业人员，还要有掌握物理、化学、材料、计算机等众多学科知识的复合型人才。

现代博物馆的发展不同于以往，复合型人才在数字化博物馆建设中起到了重要的作用。复合型人才不仅要熟练掌握博物馆的相关理论知识并将其应用到实践当中，还要有较好的协调和沟通能力，充分发挥博物馆各部门的作用。另外，博物馆的管理者也要注重对员工进行多学科的综合辅导，引导员工准确了解现代化博物馆的发展态势。当然，博物馆的发展也离不开一些特殊的专业人才，如文物鉴定人才和文物修复人才等。

博物馆事业的发展离不开人才，甚至可以说，其发展的进程在一定程度上取决于专业技术人员的能力。要想建设世界上一流的博物馆，必须依托高素质人才。只有借助先进的科学技术和学术成果，才有可能创造出博物馆精品，才有可能成为数字化博物馆建设的领先者。

归根结底，经济全球化促使数字化博物馆飞速发展，其在发展过程中，在不同阶段要制定与之相适应的目标，除了在博物馆的硬件方面实现科学化、现代化，还要在人才方面实现现代化。在此过程中，要高度关注并积极宣传科学思想及科学理念。只有人的思想观念及时转变以顺应当今时代的发展，同时更新工作方式及管理模式等，才能真正实现博物馆的科学化管理。博物馆科学技术的现代化主要依靠知识和人才，因此国家要加大对创新型人才的培养力度，以促进我国数字化博物馆在更高层次上的创新和发展。

第二节　江西省博物馆
数字化建设实践

江西省博物馆筹建于 1953 年，是全省最大的综合性博物馆，首批国家一级博物馆，全省爱国主义教育基地。江西省博物馆汇集了江西各地发现的珍贵历史文物和古代艺术精品，是全省收藏文物最多的博物馆。该博物馆在全国省级博物馆中占有重要地位，藏品类别有青铜器、瓷器、书画、革命文物、杂项等，以青铜器、瓷器类文物最具特色。

一、江西省博物馆数字化建设内容

（一）注重顶层规划设计，保障数字化可持续发展

早在 2005 年，江西省博物馆就开始进行数字化建设，当年完成官方网站的建设，后来部分珍贵文物三维模型采集制作完成，门票预约系统和省可移动文物普查数字资源服务平台陆续上线。直到 2019 年，为进一步提升科研文保

能力、运营管理水平与公众服务效果，在江西省文化和旅游厅的指导下，江西省博物馆以新馆建设为契机，启动了为期三年的"数智江博"综合管理服务体系项目。

建设初期，在馆领导和相关专家组的带领下，顶层规划设计完成，为"数智江博"综合管理服务体系建设打好了基石。

建设中期，主要建设内容分为三个方面：首先，IT 基础设施方面，通过设备采购、调试安装、集成测试，完成感知设施、云计算中心设施、数据备份设施、信息安全设施、运行设施的整体建设，为智慧博物馆数据管理和软件应用提供 IT 支持环境；其次，数字资源方面，通过进场准备、现场采集、成果制作、质量检查，以文物为核心，构建了江西省博物馆特色数字资源；最后，应用服务集群方面，通过需求调研、系统设计、软件开发、系统测试、系统培训完成智慧服务、智慧管理、智慧保护等 28 套子系统建设。

建设末期，江西省博物馆各部门积极试用系统，提出修改意见，完善"数智江博"综合管理服务体系，最终保障了该体系的稳定运行。

数字化建设是一个长期过程，伴随场馆建设和运营的全过程，涉及场馆运营的内外各个方面。江西省博物馆积极探索智慧博物馆顶层设计，多个专家组和相关领导对智慧博物馆整体部署提出了重要建议。

江西省博物馆基于场馆运营的顶层高度来设计信息化建设方案，遵循先进性、实用性、规范性、开放性、扩展性、易用性、可维护性原则，构建智能引领、深度互联、数据驱动、协同共享、开放创新的博物馆信息化系统，为后期实施、运维及博物馆的可持续发展提供指导。

（二）持续促进保护利用，构建文物特色数字资源

江西省博物馆从可移动文物的数字化保护、预防性保护、修复性保护三个方面，建立了相应的标准规范、技术流程和系统平台。首期完成了 20 000 页文物档案和 10 000 页古籍善本的数字化、400 件文物的三维建模和 100 件文物的

环拍、30 件文物线图绘制、100 件平面类文物高清影像采集等，高保真地留取了这些文物的几何形态、纹理与色彩特征等，建立了统一规范的文物数字资源库和数字资源检索分析平台，让"沉睡"在库房的文物"动起来"，赋予文物永恒的"数字生命"，充分挖掘文物特色和文化内涵，为文物保护、展览展示、教育传播等多样化文物资源的深度开发利用提供了强大支撑。

（三）以观众服务为中心，全面提升观众体验

江西省博物馆在数字化、智能化服务方面，为不同类型观众提供了覆盖参观前、参观中、参观后的线上和线下服务。这些服务不仅提高了观众的参观体验，也提升了博物馆的管理效率和业务能力。

在参观前，江西省博物馆通过官方网站、移动应用、社交媒体等多种渠道，为观众提供丰富的线上服务。观众可以提前了解展览信息、活动安排等，以便更好地规划行程。

在参观中，江西省博物馆设置了智能导览系统，观众可以通过手机或智能设备接收导览信息，了解展品的历史背景、文化内涵等。此外，博物馆还提供了互动展示、虚拟现实等数字化体验项目，让观众史加深入地了解展品。

在参观后，江西省博物馆通过线上平台为观众提供了丰富的延伸服务和互动平台。观众可以继续了解展品的背景知识、参与线上讨论、分享参观心得等。此外，博物馆还能通过数据分析，了解观众的需求和反馈，不断优化服务和展览内容。

二、江西省博物馆数字化发展路径探索

江西省博物馆数字化建设之路还远未结束。根据前期的规划，江西省博物馆还应在充分利用文物数据信息、完善数字化管理平台、提升智慧服务等方面

开展大量工作。

（一）充分利用文物数字资源

江西省博物馆虽然已经采集了大量珍贵文物的二维和三维影像信息，但并未充分利用这些数字资源，仅将这些资源在数字文物互动展示系统和官方网站、微信平台进行展示，这些都只是最基础的展示应用。江西省博物馆还应在数字化修复、虚拟策展、数字化文创等方面充分发挥数字资源的价值。

数字化修复是以三维扫描的数字模型作为修复依据，使藏品在修复前就介入，尽早记录最原始、最精确的数据，为后期的保护和修复做好准备，保证修复效果，同时可以大幅降低对传统手工操作的依赖程度。

虚拟策展是以文物数字资源、根据实体展厅创建的网上虚拟展厅、背景装饰等素材库作为数据支持，在网络上实现虚拟布展的系统。一方面，对于博物馆的展陈人员而言，虚拟策展系统可以在实际布展前就进行预展演示，减少实体布展时的重复劳动，而且生成的虚拟展览可以作为实体展览的延伸，进行数字化展示；另一方面可以开放部分权限，让公众也能利用开放的数据库进行虚拟布展，真正实现共建共享。

数字化文创指数字资源包含的详细文物本体信息及其相关背景信息，均可以为文创开发提供创意源泉和知识资源，且采集的文物三维影像可以直接进行3D打印，让观众把文物的仿制品带回家。

（二）完善数字化管理平台

江西省博物馆的文物保护修复管理、陈列展览管理、教育管理等系统还有待填充和丰富，办公和票务（观众）管理等系统也有待整合与提升。应进一步对博物馆的各项业务进行梳理与整合，构建"人、物、数据"三者间的多向交互通道，从而优化工作流程，使博物馆的保护、管理和服务等工作达到智慧化的融合。

（三）提升智慧服务功能

江西省博物馆应进一步借助互联网、云计算、大数据等技术，优化多媒体展示平台，开发云直播、动漫游戏、在线商城等更多功能模块，并且通过社交媒体实现博物馆与公众的高度交互，反向促进博物馆的业务创新。

此外，江西省博物馆应提高精细化、科学化管理能力，实现对博物馆原有内涵和外延的扩展，并且充分利用物联网、区块链、人工智能等新技术，多学科交叉融通、协调创新，开拓新的领域，以期实现博物馆服务、保护和管理的高度智慧化，从而更好地保护和传承文化与自然遗产，更好地为社会服务。

博物馆数字化建设是实施国家文化数字化战略的体现，也为博物馆事业注入了新的活力，江西省博物馆在博物馆数字化建设方面做了一系列有益探索，使得自身在文物资源活化利用、运营管理效率提高、参观客流提升等方面效果明显，显著提升了博物馆的管理和服务效能，产生了较高的经济与社会效益，有力地推动了江西省博物馆成为历史与现代、经济与社会、文化与旅游、保护与服务、地域性与国际性和谐共融的行业典范。未来，江西省博物馆将在数字化建设的基础上进行博物馆智慧化升级，为人们带来更加真实、智能、便捷的文化服务体验。

第三节　常州博物馆数字化建设实践

常州博物馆是一所集历史、艺术、自然为一体的地方综合性博物馆，同时也是一个人力资源和经费并不充足的地方博物馆，要进行耗资巨大的数字化博物馆建设可谓困难重重。2016 年，常州博物馆以《中共江苏省委 江苏省人民政府关于推动文化建设迈上新台阶的意见》出台为契机，开始数字化博物馆的规划与建设。博物馆制定了整体谋划、分步实施、局部提升、逐步整合的建设思路。通过积极争取上级支持，博物馆申请到国家、省、市三级财政资金近1 000万元，历时三年多基本建成以信息数据为基础、以一体化的信息管理为保障、以游客互动体验为中心的数字化服务体系，为下一步的智慧博物馆建设打下坚实基础。

一、常州博物馆数字化建设内容

（一）数字化保护

1.安防系统

常州博物馆安防系统初建于2006年，2018年常州博物馆建设了包括数字视频监控系统、入侵报警系统、生物识别门禁系统在内的综合安防管理平台。通过统一的系统管理平台，视频监控系统、入侵报警系统整合在一起，变被动监控为主动监控，极大地提升了安防系统的整体性能，以及安保部门的快速反应能力和处置各种突发事件的能力。

2.文物数字化信息采集项目

常州博物馆文物数字化采集项目的主要内容是针对常州博物馆馆藏文物特点，选取符合实际需求的数据采集技术对文物信息进行采集。常州博物馆采集了337套立体文物的三维模型数据和470套（870件）平面文物的影像信息，同时配置了用于文物色彩校验和文物信息数据处理的硬件设施，有效提升了对常州博物馆文物进行数字化保护的能力。

3.环境监测系统

常州博物馆所有展厅和库房都设置了无线传感器，实时监测文物保存环境的温湿度、光照度、挥发性有机物总量等数据，并汇总到后台数据库。馆内的文保部、典藏部、陈列部、工程部等相关职能部门随时可以通过电脑终端观测资料和分析数据，及时制定相应措施。

（二）数字化管理

1.藏品信息管理系统

藏品信息管理系统是集藏品的征集、鉴定、保管、修复、库房管理、出入库、研究、利用等应用功能模块为一体的综合管理系统。该系统针对文物类藏品和自然类藏品不同的业务流程管理，分别使用相应的工作流程以满足藏品业务管理需求。文物类或自然类藏品的相关管理部门在统一的平台上实现对相关功能的应用，统一的平台按照不同的业务部门和人员应用需求，配置不同的数据安全访问权限。

2.数字资产管理系统

数字资产管理系统通过提供收、存、用等一系列功能，形成一整套数字应用资源管理的环形业务。在"收"方面，通过统一的资源收录，实现馆内馆外各类电子数据的收集，使数据源最大化；在"存"方面，实现不同类型文件的多格式保存，保证所有资源数据最终存储和利用的高质量与可用性；在"用"方面，通过规范化的管理，在确保资源数据安全性的前提下，满足博物馆内部数字信息查找和下载利用的方便性，并为博物馆其他信息系统提供数据共享和再利用服务。

3.自动化办公系统

常州博物馆基于协同办公理念，日常办公使用自动化办公系统，使工作管理电子化、网络化、规范化和统一化。信息发布、行政审批、个人办公、办公交流、知识积累与共享、资源管理、档案维护与管理等功能集中在统一的系统平台上，从而优化了办公模式，提高了工作效率，降低了运营成本，实现了科学化管理。

4.票务管理系统

常州博物馆票务管理系统已实现与微信平台、官方网站的无缝对接，观众可以通过网站预约、微信平台预约、现场取票的方式获取门票。这极大地方便了观众入馆参观，博物馆的公共安全也能得到有效保证。

（三）数字化服务

1.数字文物互动展示系统

常州博物馆数字文物互动展示系统，采用了八块高清触摸屏拼接而成的互动展示屏，将馆藏精品文物进行数字化展示，并可按需定时切换临时展览和宣传信息等。互动展示屏还具有多人同时互动的功能，给观众带来了良好的参观体验。

2.自然展厅数字展示项目

常州少儿自然博物馆是常州博物馆的馆中馆，也是深受观众喜爱的展厅之一。不仅完善了"虚拟翻书""知识触摸屏"等互动设施，还新增了 AR 互动装置、虚拟绘画等新颖的数字展示形式，为观众呈现出逼真的视觉效果，让观众在汲取知识的同时提高学习探索的兴趣。

3.互联网＋新媒体互动服务

常州博物馆官方网站于 2005 年正式投入使用，2017 年改版升级。网站汇集了认识常博、资讯、展览、服务、活动、特色资源、加入常博等方面的最新、最全的信息资讯。网站界面友好、登录便捷、内容丰富、更新及时，使公众可以更加直观、深入地了解常州博物馆。

常州博物馆微信公众号创建于 2014 年 8 月，2017 年升级改造。观众可通过微信公众号查询最新展览信息，预约参观、活动、讲座及申请成为志愿者等。除固定栏目提供各类信息和服务外，还定期推送最新资讯，为观众提供展览、活动、新闻、公告等各类信息。

常州博物馆还经常推出线上研学活动，允分利用藏品数字资源，开展自然类、非遗类等特色藏品的宣传教育，加强自然科学知识的普及与地方文化的传播。

二、常州博物馆数字化发展路径探索

（一）科学合理的规划

随着观众需求的日益多样化，新技术的应用已成为博物馆的必然选择，但是新技术发展日新月异，过多的技术堆砌和盲目的技术更新也会增加博物馆运营成本，因而针对博物馆发展进行合理规划十分必要。

常州博物馆的数字化工作的前期，是把采集藏品信息和搭建管理平台作为工作重点，中期是逐步实现数字化的展示、传播、教育和服务等应用，长期目标则是形成从感知、通信、数据到应用各层面的智慧博物馆整体架构。在项目建设过程中，馆领导应负责总体把控、综合协调、解决难点问题，充分做好前期准备，并经过市场调研和多方论证，编制满足实际需求的实施方案；各部门为实施主体，应在全盘规划、整体架构的基础上，选择合适的、成熟的新技术，并且合理控制成本与风险，科学稳健、逐步有序地开展数字化博物馆建设工作。

（二）安全体系的保障

常州博物馆在数字化建设的过程中，建立起从文物安全、施工安全到数据安全、知识产权安全的全方位安全保障体系。

1.保障文物安全

采集藏品数字资源需要与文物直接接触，如何保障文物本体的安全至关重要。常州博物馆与施工方签订《安全责任协议》，要求施工方遵守《中华人民共和国文物保护法》等法律法规和馆方的规章制度。

2.加强施工安全管理

数字化博物馆建设中有些硬件项目需要现场施工，为加强对临时进馆施工人员的管理，并明确责任，馆方与施工方签订《安全施工责任协议书》，规定施工队伍必须接受保卫部门的安全教育，了解并遵守内部安全规章制度，施工方需提供工作人员名单及身份证复印件，工作人员需持证上岗、遵守馆方时间安排、服从馆方管理等。同时，项目的主管部门、安全管理部门、现场监护部门等馆方相关人员需签订博物馆《安全施工会签表》。

3.确保数据安全

所有数字资源都要做好异盘存储备份工作，确保所有数据无损坏、不丢失；项目实施人员应只有编辑数据的权限，且只能拷入数据，无法对数据进行复制，从而保证数据不外泄；施工方需建立健全岗位责任制，落实数据安全管理规定及奖罚制度；项目实施人员不能采用任何移动设备对文物进行拍摄。

4.维护知识产权

所有数据信息所有权归属博物馆，数据采集交付验收后，施工方须销毁所有备份，不得外泄；加强网络安全管理，使用正版软件；对于博物馆内部的数字资产平台设立不同的访问权限，非藏品保管员只能下载缩略图；对公共开放平台（官方网站、微信平台等）的数字资源只可浏览，不开放下载权限。

（三）标准体系的建设

数字化博物馆建设是一个系统工程，加强相关标准体系的建设十分必要。如果文物的影像采集没有统一的标准，那么不同时期采集、不同介质存储的文物二维和三维影像、音频、视频等就会因结构混乱、种类繁杂而无法得到妥善保管和有效利用；如果文物数字化保护领域的软件没有标准化接口，那么不同时期、不同承建单位的数字化建设项目的结构也将不尽相同，无法实现数据的共享和处理。所以，应当建立起一套完整、详尽的行业技术标准和相关技术操作规范，尽量减少人为因素影响，做到不因设备、人员的不同而不同，使数字化博物馆能够真正达到一体化、规范化的全方位管理。

常州博物馆在每个数字化项目开展前，应根据现有的相关技术标准与规范制定适用的标准，并在项目建设的过程中始终严格控制质量，加强过程与成果的质量管理，同时引入监理制度监督检查执行情况。

1.提前介入，制定标准

要求施工方认真贯彻执行现有文物法规及相关技术标准；对数据制定质量评定标准，并对不合格数据提出处理意见和解决办法。项目的实施应坚持先设计后实施，禁止没有设计就进行现场作业。项目实施前，组织有关人员进行技术培训，学习有关的技术标准、操作规程，并对需用的仪器、设备、工具进行检验和校正。

2.加强过程中的质量管理

对项目实行过程检查、最终检查和验收制度。各级检查、验收工作必须独立进行，不得省略或代替。凡在检查时资料不全或数据不完整者，博物馆有权拒绝验收。

3.验证交付产品的质量

施工方交付的产品必须保证是合格品，并且必须执行国家标准、行业标准，合同中有特殊规定的，应按约定的标准执行。同时，测绘、测试产品所使用的工具、器具、设备等须按照有关法律、法规、规章的规定进行检定或校准。

4.引入监理制度

建筑和工程类项目采用第三方监理早已是业界共识，常州博物馆在数字化建设中也应逐渐引入专业从事信息化监理的单位，对博物馆所有的数字化项目进行专项监督，从而有效保证项目建设的进度与质量。

常州博物馆在数字化项目施工前，应召开馆方、监理方和施工方的三方进场会议。由施工方汇报项目内容、工作进度安排；监理方对施工方进行安全教育，提请施工方提交开工准备材料，包括开工报告、施工图、施工组织方案、采购设备合格证、需求分析、用户需求说明书、概要设计、进度计划、项目管理人员配备名单及相应资格证书、特种作业人员上岗证等。项目开工后，每周召开一次项目进度推进会，施工方汇报工程进度，馆方提出要求。三方针对问题商讨解决方案，确定下阶段工作目标和进度安排。项目结束后，在审计和专家评审前，监理方应会同馆方进行一次项目审核。

（四）人才队伍的构建

所有的数字化项目建设完成后，真正的使用和维护还需依靠博物馆从业人员，然而目前博物馆极其缺乏这类既具备新兴技术知识又具备博物馆传统管理知识的专业人才。

在引进复合型高素质人才比较困难的情况下，常州博物馆应通过让现有工作人员参与项目的设计与建设，以及在项目完成后组织相关部门人员参加培训等途径提高工作人员的能力，逐步将其培养为兼具文博专业知识与信息技术知识的综合型人才。

第四节　浙江省博物馆
数字化建设实践

一、浙江省博物馆数字化建设内容

浙江省博物馆 2022 年 5 月成立数字化建设专班，当年共召开工作会议 7 次，梳理各部门业务需求 58 条，制定出本馆数字化建设标准，并辅助馆内相关业务工作完成数字化转型。

从调研情况看，浙江省博物馆近 20 年数字化建设内容如下：

一是规范馆内行政管理审批流程。馆内职工严格执行包括行政、财务、人事、后勤等各类业务管理在内的 54 条办公流程。主要业务系统完成与自动化办公系统的对接，协助业务人员简化工作流程，如藏品出入库审批、媒体资源使用审批、图书资料借阅、展览项目申报等。

二是提升展览数字化整体水平。浙江省博物馆展览数字化工作始于 2010 年。调研中，不少文博同行都会提到"丽人行""南宋人的一天"等数字专题网站，无论是形式设计还是内容制作皆备受好评，这也体现了浙博从业人员在展览数字化工作中的探索、创新精神。

三是藏品资源管理及文物预防性保护体系深入推进。现已实现馆藏文物数字资源的标准化、规范化、流程化管理，可随时查看文物储存环境的温湿度、光照等数据。

四是服务浙江省博物馆系统卓有成效。实现浙江省临时展览、文博讲座发布、备案全流程化管理；实现省内可供馆际交流的临时展览全发布；实现省内藏品数字资源的开放共享。

二、浙江省博物馆数字化发展路径探索

（一）树立数字化建设标准，重视系统整体架构设计

文博行业有其特殊性，数字化建设过程中，特定的业务流程由馆内自行设计，如项目管理、藏品管理等；如果问题解决不了，就可选择借助外部力量，向先进企业学习，比如数据中心建设、数字资源采集等，在参考市场成熟方案的基础上，构建属于博物馆的个性化数字产品。

以小程序"云上浙博"为例。该项目建设以"创新、集约、开放、均衡、互补、统筹、联动、高质、高效、优享、普惠、便捷"为标准，对内为职工提供及时、高效的管理服务，对外为观众提供多样、均等、便捷的社会服务。

第一步，确立产品核心业务流程。本次建设核心业务之一就是打造观众参观全流程管理体系。建设过程中，需要经验丰富的产品经理和架构师配合馆内业务人员，围绕建设中心，研究、模拟观众在博物馆线上浏览、线下参观等一

系列行为方式，构思、构建应用场景，从而设计业务模块。

第二步，重视系统架构设计，这是数字化项目实施中关键性的一步。基于现有业务模型，设计整体信息系统架构，包括分析数据的安全性、数据调度的方式等，并在此基础上考虑网络安全体系架构设计。

（二）变革工作方式，加强顶层设计和项目统筹

数字化建设其实是用"理性"的方法去解决"人性"的问题。建议管理者考虑结合"专班制"，建立系统化的工作流程，综合考虑项目建设方向和实施效果，制定切实有效的工作方式，激发职工创造性，加强内部组织建设，在工作流程中形成"闭环"。

第一步，根据产品设计，细化工作任务，明确项目建设团队中的人员分工，结合技术手段和线下管理，在工作中形成"发现—反馈—整改—共享"的闭环机制。浙江省博物馆采用数字驾驶舱融合办公协同系统的创新理念，建设办公内部管理"一张网"，并引入工单流转系统，从发现问题、提交问题，到处理问题、反馈问题，所有的工作节点都可在办公网上查看，形成迭代清单。

在项目监管上，可采用监理数管平台。项目成员可在此平台上共享工作进度，查看项目日报，反映问题。

第二步，建立社会效益考核机制。在项目建设初期，由团队成员共同拟定考核标准，以业务和技术相互促成的工作思路完成项目建设，并将结果反馈给技术人员，结合实际需求完成后期技术提升。

第三步，数字化建设应有韧性，从业者可以充分运用场馆内硬件设备，将往期非标准化的、零散的数据成果重新整合输出，变"短期项目"为"长期项目"。

（三）加强内部合作，重视跨部门多业务协同应用的建设

业务工作的高质量发展需得"技术＋制度"双线并行。

其一，在日常工作中，可以通过跨部门联合申报课题的方式开展研究工作，组织调研，扩展彼此知识面，促使大家学习新理论、新知识，并将其积极投入到工作实践中，完成项目的同时，浙江省博物馆数字化建设便以数字化专班的形式开展工作，专班成员包括业务、宣教、信息、技术保护等多个部门，调研工作也以部门联合的方式开展。

其二，可以在充分梳理单位业务流程的基础上，抓住管理主线，建设一套被员工实际所需要的办公协同体系，让员工切实感到"急我所急，解我所需"。浙江省博物馆的办公协同体系，围绕"部门＋项目＋经费"的核心公式，以财务流程为主线，业务工作流程与行政管理流程双线并行管理，将项目执行情况和经费使用情况纳入同一维度，做到财务工作推动业务工作，业务工作指导财务工作，所有开展的业务工作的经费使用情况一目了然。

（四）树立共享发展理念，重视数据生产力

数据价值是数字化成果的主要价值体现，包括项目自身的业务数据和用户交互产生的新数据。建议管理者在项目建设时应该首先考虑数据的流转是否符合业务工作实际需要，已经存在的数据是否可以通过用户行为变成"新"的数据，从数据本身的价值倒推功能建设，让用户行为从"被动"变为"主动"，让用户成为项目建设的参与者，数据的创造者，这样才能体现出建设价值，只有流动的数据才是平台"活力"的象征。

第一步，积极推动省域文物博物馆公共数据开放共享，构建数据有效供给、有序输出的良好生态。浙江省博物馆应发挥省级综合馆引领和担当功能，打造浙江省博物馆公共服务综合平台，结合乡村博物馆和中小型博物馆运营管理需求，实现一体化发展。具体来说，包括以下几个方面：

纵向一体化：省市县乡各层级采用同一套用户管理体系，实现业务流程高效协同；横向一体化：各部门、兄弟单位一体推进、实现数据相互贯通、系统融合集成；业务交流一体化：网络、平台、数据、场景统筹规划、发挥整体效

应；综合运营一体化：实现"通用＋定制"的宣传推广、"产品＋服务"的应用创新发展模式，将顶层设计与具体应用相结合，把数字化建设成果推广至地方博物馆、乡村博物馆。

基于已有的数字化建设工作，浙江省博物馆应不断完善数据供给方案，提供"一站式"数据服务，在拉动内需、农文旅融合发展的大环境下，将持续与浙里文化圈、浙里好玩、浙里红、百县千碗等省级平台实现数据、场景的融合。

第二步，多跨融合发展，提升博物馆服务能力。集线上宣传服务、线下参观导览于一体，以数字化设计、数字化管理为基础，以网络化协同和个性化定制为特征，对博物馆业务数据进行二次加工利用，通过内容设计与活动输出，提升观众参与度，强化公共文化服务功能。

以展厅参观为例，展品的收听记录、参观热力值会以"周榜"的形式进行"排名"，投射到展厅公共区域的可视化大屏中，吸引观众前往，同时也为馆内各级信息推送提供参考。同时，融合线上需求和线下服务数据，以"云上浙博"整个公众服务体系为载体，实现展示、宣教、参观、销售、体验等全流程贯通一体化的会员体系，实现一个 ID 贯通全馆服务的模式。通过数字化标签体系建设，实现会员行为和内容标签统一关联，实现会员行为向会员兴趣的关联转化，打破传统会员体系行为标签形式单一、内容割裂的桎梏。同时，基于多元合一用户体系，对接各线上平台内容发布体系，根据会员的兴趣标签，推送观众感兴趣的文物发现和活动信息，提高观众黏度和活跃度。

除此之外，以"数字生活＋数字教育"为出发点，构建数字教育平台，开发博物馆线上数字体验产品，推进与教育管理部门、高校等教育机构的信息互通，推动省域博物馆数字资源向第三方企业开放共享，为观众提供个性化学习体验，形成教育活动与知识分享的良性循环。

第三步，注重观众线下体验，强化与教育行业、高校以及第三方企业的合作，充分利用展览文物数字资源，推动高校、研究机构、技术企业参与浙江省博物馆的数字化建设，激发创新活力。建立评价机制，开拓公众参与渠道，不断提高浙江省博物馆的社会影响力和社会效益。

第四步，注重数据安全工作，提升信息化防范能力。数字化帮助馆方能够更好服务群众、拉近观众与历史文物之间的距离。但与此同时，博物馆数据也面临了种种安全威胁。浙江省博物馆的数字化建设应该考虑三个方面的安全需求：

一是云上业务安全，包括建设云上业务应用服务主机群前端的安全域边界隔离与访问控制体系、建设云上业务的安全运维与审计管理域等；二是本地业务安全防护，包括用户登录设备的身份鉴别和访问操作统一监管和审计、对外提供统一的加密访问连接、内外双向的流量威胁检测和访问控制，满足边界隔离和访问控制的要求；三是云边协同安全防护，通过物联安全平台联动物联安全管理设备，构建云边协同的物联网安全保护体系。

数字化建设的核心是要将数据作为生产要素，为行业创造价值。博物馆的数字化建设，不仅仅是业务数据的可视化、管理体系的数字化、文创产品消费的数字化，更是文博资源的数字化、文博知识生产的数字化、传统文化传播的数字化。

参 考 文 献

[1] 北京市科学技术协会信息中心，北京数字科普协会. 创意科技助力数字博物馆[M]. 北京：中国传媒大学出版社，2012.

[2] 北京数字科普协会. 数字博物馆发展新趋势[M]. 北京：中国传媒大学出版社，2014.

[3] 陈红京. 博物馆藏品数字化管理十讲[M]. 上海：上海交通大学出版社，2019.

[4] 陈娜. 打破博物馆的围墙：数字媒体与人工智能的变革[M]. 北京：经济管理出版社，2022.

[5] 段勇. 智慧博物馆理论与实务[M]. 上海：上海大学出版社，2021.

[6] 郭骥，李信之. 如"数"馆珍[M]. 上海：上海大学出版社，2019.

[7] 胡玺丹，王俊卿，徐佳艺. 博物馆拓展类教育活动研究[M]. 上海：上海科学技术出版社，2019.

[8] 刘绍坚，白杰. 网络数字时代的博物馆[M]. 北京：北京联合出版有限责任公司，2021.

[9] 齐越，沈旭昆. 博物馆数字资源的管理与展示[M]. 上海：上海科学技术出版社，2008.

[10] 深圳市关山月美术馆，深圳市金域文化传播有限公司. 跨界与融合：数字美术博物馆的建设与实践[M]. 长沙：湖南美术出版社，2014.

[11] 王俊卿，徐佳艺，聂婷华. 数字化时代博物馆核心竞争力重构[M]. 合肥：中国科学技术大学出版社，2023.

[12] 温京博. 数字媒体介入下的博物馆情境设计研究[M]. 北京：首都师范大

学出版社，2019.

[13] 吴晨生，覃京燕，张盈盈，等.数字博物馆与信息设计[M].北京：兵器
工业出版社，2009.

[14] 吴丽华.网络数字媒体技术在生物多样性数字博物馆中的应用研究[M].
北京：国防工业出版社，2013.

[15] 张嵘.博物馆管理与数字化建设应用研究[M].济南：山东大学出版社，
2022.

[16] 周孙煊.数字化服务为导向的智慧博物馆综合平台建设研究[M].成都：
电子科技大学出版社，2019.